行走在教育的路上

——一个小学教师 20 年的心路历程

费艳春　著

北　京

冶　金　工　业　出　版　社

2019

内 容 提 要

本书是作者二十年教学路上留下的教学痕迹、心路历程。本书收录了作者教学路上的教育博文、教学感受以及和孩子们一起的成长故事，五味杂全，更多的是真实的体验和收获，谨以此书纪念难忘的教学生活！

本书可供从事小学教育工作的教师参考。

图书在版编目（CIP）数据

行走在教育的路上：一个小学教师 20 年的心路历程 /
费艳春著 . —北京：冶金工业出版社，2019.4
ISBN 978-7-5024-8090-5

Ⅰ . ①行… Ⅱ . ①费… Ⅲ . ①教育—随笔—中国—文集

Ⅳ . ① G52-53

中国版本图书馆 CIP 数据核字（2019）第 064672 号

出 版 人 谭学余
地 址 北京市东城区嵩祝院北巷 39 号 邮编 100009 电话 (010) 64027926
网 址 www.cnmip.com.cn 电子信箱 yjcbs@cnmip.com.cn
责任编辑 李培禄 美术编辑 吕欣童 版式设计 吕欣童 孙跃红
责任校对 卿文春 责任印制 李玉山
ISBN 978-7-5024-8090-5
冶金工业出版社出版发行；各地新华书店经销；三河市双峰印刷装订有限公司印刷
2019 年 4 月第 1 版，2019 年 4 月第 1 次印刷
169mm×239mm；10.25 印张；177 千字；159 页
40.00 元
冶金工业出版社 投稿电话 (010)64027932 投稿信箱 tougao@cnmip.com.cn
冶金工业出版社营销中心 电话 (010)64044283 传真 (010)64027893
冶金工业出版社天猫旗舰店 yjgycbs.tmall.com
（本书如有印装质量问题，本社营销中心负责退换）

目 录

自 序

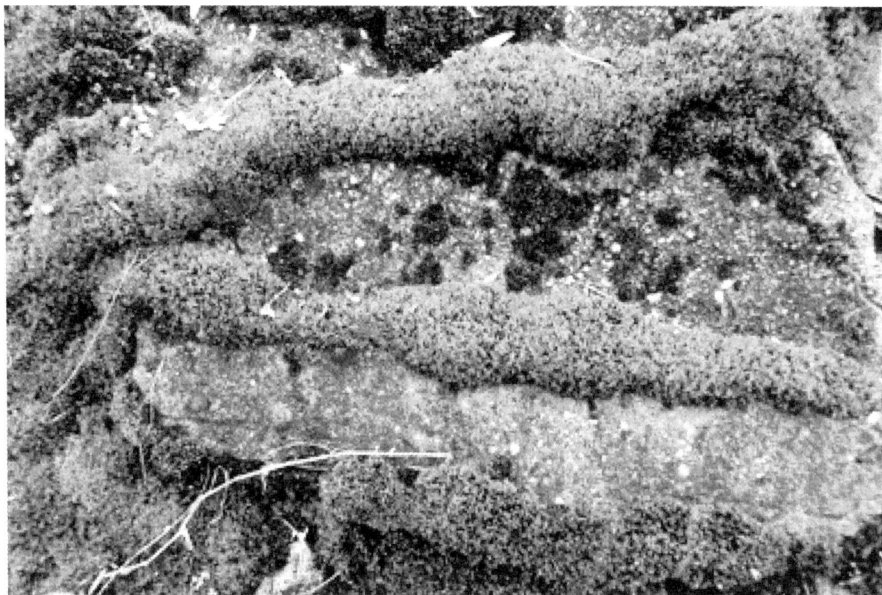

苔

——清 袁枚

白日不到处，青春恰自来。
苔花如米小，也学牡丹开。

　　如米小的苔花，生活中几乎没有人注意它，那么小，那么矮，那么卑微，在低处，在暗处，在崎岖之处，紧紧贴着地表生存，依然还要用坚韧的努力去开出生命的花朵。虽不起眼，但是始终心怀人生的理想和抱负，踏踏实实，努力奋斗，不忘初心，让人生实现价值，让拼搏富有意义，让自己的生命为自己喝彩。小小苔花，在用生命庄严地告诉我们坚持的意义和人生的答案。

我的博文

在你的眼里，时光是什么样子的呢？

想象合理即可

放假两天回来，学生的作业也不是很难，一张报纸上的单元试卷，在另一张上有答案，可以说周末的作业就是小菜一碟了。

上课了，学生拿出报纸，翻开12期第六单元，再拿出13期的答案，孩子们对照着答案，我在教室里一边转着看做题情况一边讲注意的问题。

快下课了，整堂课讲得比较顺利，学生在课堂上积极互动，课堂气氛令我十分满意。

"看到天上的星星你会想到什么？"这是最后一题，这个题要想答出精彩来可不是一件容易的事，"谁感觉自己的想象不错？"有一两个孩子把手举得高高的。

"天上的星星像棋子，宇宙就像棋盘。每个棋子在棋盘上都有固定的位置。"任志鹏的回答令我惊讶。全班响起了热烈的掌声，大家都投来敬佩的目光。

"老师，答案上写着：合理想象即可。"几个孩子提醒我。

我随口说道："你可别把答案写成合理想象即可。""老师，你看张晓旭写的就是合理想象即可。"吴小龙看着他同桌张晓旭的答案，像发现新大陆一样乐开了花。全班的孩子也跟着笑了起来。"合理想象即可"我重复着这句话，也笑了。

2008-11-24

别拿别人的错误惩罚自己

小炎是一个转学生，通过一个月的接触，总的来说还是可以的，平时脑子反应还行，只要稍微在他身上下下功夫，平时的功课是没有问题的。

和他接触长了我慢慢地发现，他并不是我想象的那样。我很关心生病的孩子，曾说过，只要你不舒服可以不写作业，先看病养身体，回来给老师说一声就行，所以班上的学生只要生病就可以不写作业。

后来，有几个同学反映，小炎为了逃避写作业，在手上扎了一个小眼，来换取老师的同情。我也注意到了，对他的看法慢慢地转变，于是有时间就和他聊天，在聊天中和他讲讲道理。

经过一段时间的观察，我发现我对他的教导根本改变不了他的坏习惯，撒谎成了家常便饭，我开始怀疑自己的教育方法出了问题。

一天早上，小炎说自己头疼，在学校门口抱着他妈妈的腿不放，一抱就两节课。通过和她妈妈谈话，才知道是数学作业没有写完。从此像这样的一场场闹剧开始上演了。为了制止他这种行为，我和他妈妈商量，让他每天放学在学校写一会儿，他妈妈再来接。小炎妈妈成了来班级接孩子的常客，一段时间过后还不错，多数是按时完成，我也看到了希望。但是周末作业总是完不成，我很着急，要求他妈妈在星期天把他的作业检查一下，别听之任之。

小炎是一个父母离异的孩子，很小的时候母亲就不在身边，靠亲戚养着，后来他的妈妈嫁到我们这里，可以说这家也不是很理想的家庭，家里总吵架，他的继父也是一个不爱出力气的人。为了支撑这个家，他的妈妈身体不是很好，也付出了很多。他的妈妈曾经对我说就怕放假，一放假在学校门口就不能挣钱了。你可以想象一下，一个人在零下14度的寒风中伫立，卖小食品能挣多少钱呢？这就是生活所迫。所以我也很可怜他妈妈的遭遇。

都说穷人的孩子早当家，我也不知道他是否体谅妈妈的用心良苦，有时花着大把的钱去给别人过生日，总是在同学面前炫耀自己，过着公子哥的日子。

今天第二节课，我正在朗读明天我们的普通话考试内容，他跑到办公室用诚恳的声音对我说："老师，我昨天输液了，我没有写语文作业，中午补上行吗？"我朝他点点头说："行呀，中午写吧。"望着他离去的背影，我感觉他进步了不少。中午我来到班上，他的试卷静静地躺在课桌上，看了一眼有一半没有写。我等他来到班上，问："小炎，你怎么中午没有补呢？"他不假思索地说："老师我中午打针了。""怎么了，又打了？"我感觉他又在撒谎。下课后，我在办公室里再次拨通了他妈妈的电话。

"你好！孩子昨天打针了吗？"

"没有呀。"

"那今天中午呢？"

"没有呀。"

"昨天的作业没有写说晚上、中午打针了。"

"他没有写吗？"

写没写作业家长应该很清楚！我是无语了。我就像被整个世界欺骗了一样。立时，心灰蒙蒙的，办公室灰蒙蒙的，连窗外的太阳也失去了光彩。

回到家，家人劝我，都尽力了就行了。

我在迷茫中追寻答案。明天，明天的明天，希望他有所改变，更希望班上所有的孩子们都有所进步，有进取心，做一个有良知的人。

2009-01-19

煮酒论英雄

前天的运动会虽然已经过去，但是当时的场景仍然历历在目。

班上的运动员个个都是英雄，我说的不仅仅是成功的，还有失败者，他们体现了出集体团结的精神。班级三十人的运物比赛很激烈，别看我们的袋子出了问题，往前一直跳是我们的目标。亲子活动更看出家庭的美满、幸福、和谐。任志鹏、刘方丹、刘方静、朱博圣等几名同学虽没有进入决赛，但他们在跑道上彰显了勇往直前的精神，令大家佩服。在看台的同学也是不甘落后，积极配合学校和老师的部署，遵守学校的纪律，做文明观众、啦啦队。尤其看到班上的运动员回来，总是带上真诚的鼓励和祝福，"跑得不错！加油！""没事，你努力了就行了。"……一句句温暖的话语传递给每一位运动员。

六一班的学生，在班上看家的，为了同学们的财物安全宁愿牺牲看运动会的机会；在看台上加油的拼了命地呐喊；还有为运动员写稿件的，用生花妙笔为班级加油；更多的同学为大家尽心地服务。你们，在老师的眼里都是英雄。我为你们而自豪、骄傲！所有的一切在2010年的春天留下了美好的记忆，更是春天的一道靓丽的风景线。

运动会结束了，我希望把这种团结向上、勇往直前的赛场精神带到在今后的学习中。学习也是一个竞技场，不服输，勇于克服困难，永不向困难低头。

听！冲锋的号角已经吹响，"英雄们"再次出发了……

2010-05-09

路

最近的心情比开始接手这群孩子好多了，他们有天真的笑脸，童真的心，我也在这条道路上开始步入正轨。每天把课程安排的有条不紊，提前做好课件，争取把每堂课上得出彩，让每个学生不仅学到知识还在课堂上得到快乐。当孩子们知道下节课是语文时，纷纷互相转告，他们的小脸上都会露出开心的笑容，此时作为老师的我，甚是欣慰。我会尽最大的努力，让孩子们更喜欢我们祖国的文字，对它感兴趣，让祖国的文字在班级散发出光彩。

2010-10-29

让课堂活起来

教了一单元的课，孩子在轻松和快乐中学到了知识，作为一名教了十几年书的我，感到很自豪，为我的教学创意感到欣慰。课堂是孩子们的，让课堂活起来是我一直的追求。

《画》是一首选入语文课本中很长时间的小诗，很多孩子都提前背过。上课了，我以四个谜语开场，学生们积极地开动脑筋，眼睛里充满了智慧的火花。这点燃了课堂气氛，一个个谜语被攻破，我乘机把话锋一转："远看山有色，近听水无声。春去花还在，人来鸟不惊。"我一边慢慢地念着谜面，一边表演着，还没等我说上两句，学生抢答成功了。

《四季》是这一单元的第二课，课文分四节，通过对春天的草芽、夏天的荷叶、秋天的谷穗和冬天的雪人这几种代表性事物的描写，表现四季的特征。教学时我把文字与动作相结合，当念到："草芽尖尖，他对小鸟说：'我是春天'"孩子们的小手并拢往上伸，就像春天破土的草芽；"谷穗弯弯，他鞠着躬说：'我是秋天'"教室变成了田野，好多"稻谷"；"雪人大肚子一挺，他顽皮的说：'我就是冬天'"孩子们不由自主地把肚子往前一挺，可爱的样子着实让人发笑……

《小小竹排画中游》《哪座房子最漂亮》这两篇儿歌读起来朗朗上口，正是适合拍手歌："小竹排，顺水流，鸟儿唱，鱼儿游……""一座房，两座房，青青的瓦，白白的墙，宽宽的门，大大的窗……"我也拍着手，问他们："哪座房子最漂亮？"他们自豪地说："要数我们的小学堂。"自己拍手，同桌合作拍手，孩子们在快乐中接受了知识，又很快地完成了课文的背诵任务。

《爷爷和小树》一课，培养孩子的想象力和训练孩子的语言表达能力是教学重点。我以树木能给我们人类带来哪些好处为开场，在黑板上用简笔画画出两棵没有叶子的小树，在第一棵的旁边画了风，让孩子们想象并说一说小树在寒风中说些什么。孩子们想象力很丰富："我好冷呀！""谁来帮帮我呀，要冻死我了！"……引出老爷爷为小树穿上绿衣服，保护小树。这时班上的多媒体上显示的是一棵枝繁叶茂的小树，我随即在黑板上的另一棵树上画上了好多的叶子，问道："你能夸一夸小树吗？""小树你真茂盛呀！""你的叶子好绿呀！"……"是什么原因让小树长成这样的呢？"孩子们的小手组成了班级森林。"得到了别人的帮助你怎么做？""我也会帮助他，就是互相帮助。""他借给了我一支铅笔，他没有橡皮了，我也会借给他。"我又马上说："我们要学会感恩。"在与学生讨论中，本课的难点不攻自破。当我又把人类破坏树木的图片展示在学生面前时，没有想到一年级的孩子们会有如此的震撼，说出了自己看后的感受："我们要保护树木。""我要去植树。""我们要爱护大自然，爱护我们的家。"这时班上一个叫刘文博的学生把小手举得高高的，我让他回答，他义愤填膺地说："我恨死那些砍树的人了！"

2010-10-30

在 路 上

中午没有坐车，于是我和孩子们就得长途跋涉，12点20到家，家里人打电话担心我们这个学校里最庞大的团队——一行4人放学回家。在路上，我们有说有笑，尤其到了商贸城，恨不得见什么要买什么，吃的来点，喝的来点，穿的也买……

下午本打算骑自行车上班，当把自行车从楼道里推出时我就犹豫起来，一想到好长时间没有骑车，还带上60来斤的侄子，我犯怵起来。干脆还是换吧，开上我的三轮还轻松点。在上学的路上，我的驾驶技术还是不错的，迎着秋天的暖风，听着小鸟的欢唱……

夜幕降临，学校周围的灯陆续亮了起来，班上的孩子也陆续走光了，一张张笑脸望着你说："老师，明天见！"先生仍旧来接我们，陪孩子们打完羽毛球准备回家了！

孩子们上了汽车，我只好开着我的三轮回家。我熟练地开锁，开大灯，拐弯……传达室门前汽车还在停着，老公在和保安说话呢。"妈妈——"女儿在车里看见了我。"我先走了！"我头也不回地加足电，冲进了夜色里。

刚出大门，就被身后的大灯照着。"妈妈——"女儿又一次在车里大声地喊着，我的周围被光占领了，如同白昼。我继续前行，在路上，我不寂寞……

2010-11-05

回　味

今天的报告会已经是在学校里的第二次了。一次是在 2009 年六年级毕业的时候，那次总结是我在德开小学教学经验的整理汇集，报告时我激动地哭了。为付出的汗水和心血而流泪，可以说很是值得骄傲的一件事。如今又一次在学校里作教学交流，我把几年的教学经验用课件和文字的方式展示给老师们，我为我的创新及多年积累的图片而感到兴奋和自豪。

每每翻动这些照片，勾起的回忆就是在享受，因为只有记录下来，拍摄到那一瞬间，才是永恒。在大脑里我们经常留下的是最难忘的事。好多事，时间久了，也会随时间流逝而飘散。如果你是一个勤奋的和记录的人，把它留下来就是回味。

照片总是记录着酸甜苦辣，这就是人生。

2012-02-04

开学第一天

虽然立春了，但今天的温度是零下 11 度，冻死人了。教室里也跟冰窖差不多了，孩子们穿得厚厚的，裹得严严的，个个很精神，真是开学第一天呀。中午放学的时候提醒孩子们再穿厚一点。

开学第一天，办公室的地面上落满了一层土，大家忙碌了一上午都没来的及打扫。晚上放学后，我来到了水房冲了冲拖布，把办公室打扫完了，又打了两壶热水，想到早上老师们来了就有热水喝，心里会热乎乎的。看着今天胜利的果实很是欣慰，因为劳动最光荣！

2012-02-07

两支铅笔

下午第一节语文课的教学很好处理，就是简单的几个生字，给孩子们讲完了生字的笔顺，我又和孩子们共同给这些生字加上拼音，组了词，下面的时间就是学生临摹字了。

我走下讲台，来回巡视着，叮嘱学生写字的姿势及注意的问题。我停下了脚步，被任善坤手中使用的铅笔吸引住了，他认真地写着，手心里是一支即将在世界上消失的铅笔头，他依然让它吃力地工作着。铅笔头是那样的小，大约只有一寸长。猛然间我想起了我的童年，我也是一个使用铅笔头多年的老经验者。铅笔头小的时候在手中是很难攥着的，那时我再找来一个塑料空管，把不能攥着的铅笔头按在空管里，借着加长的空管，再延续铅笔头的寿命。

而今在这个繁华的、虚荣的、现代的世界里还有如此珍惜的孩子。我把他手中的铅笔头放在我的手心里，看了又看，对学生们说："我不赞同善坤使用这么小的铅笔，因为这样不好写字，但我敬佩的是任善坤的节俭精神。节俭也是一种美德。现在很少有人使用这样小的铅笔头了……"孩子们静静地听着。我把铅笔头放在我的手心，径直走上讲台，讲台上的笔筒里插满了琳琅满目的铅笔，我捡了两支漂亮的、长长的铅笔。我用转笔刀削好，又快步走过去，交到了任善坤的手中。他笑了笑，那笑是如此的灿烂。

2012-02-10

低 落

今日拜读完了老舍经典作品《骆驼祥子》，心情很是复杂，祥子的命运是如此的不幸，一个体面的、要强的、有梦想的、利己的、健壮的、伟大的祥子，真不敢相信会变得如此的可怜，又可恨。堕落、自私、社会病态的产儿，个人主义的没落鬼！

不得不佩服老舍先生的写作手法，在这么长篇的文章里小人物就那么几个，却刻画得惟妙惟肖，环境描写着实精彩，心理描写入木三分。

几个经典，我记下来分享给自己："最伟大的牺牲是忍辱，最伟大的忍辱是预备反抗。"

"人间的真话本来不多，一个女子的脸红胜过一大片话。"

"越不肯努力便越自怜。自怜便自私。"

"不吸烟怎能思索呢？不喝醉怎能停止住思索呢？"

"乱世的热闹来自迷信，愚人的安慰只有自欺。"

2012-02-12

学习雷锋

3 月 5 日是毛主席为雷锋题词的纪念日。恰逢班会，学生也准备好了雷锋故事，看着他们把故事讲得那么生动，我把雷锋帮助乔安山的故事也讲给他们听，孩子们被雷锋的行为和精神深深地感动着。

光说不练也不行。利用体育课的剩余时间，我们又行动起来，到学校操场周围为学校做美容。孩子们兴致勃勃地捡拾着花池里的垃圾和塑料袋。大家都把捡拾的垃圾运到了学校的垃圾池里，回头望望干净的操场，多么有意义的活动呀！希望孩子们通过今天的活动感受到做一个好人、做一件好事的快乐！更希望雷锋精神在每个人身上传承。

2012-03-06

开学第一天

开学了，和孩子们的心情一样，没有享受够假期，不想开学。今天老天爷也来凑热闹，一直下雨。雨点陪伴着我们到了中午。除了孟卓生病打吊针，张维炎没有写完作业又在和父母抗争，其余的同学都来了。孩子们的笑脸没有变，样子没有变。我在自习课上发现陆少宁能够分清桌布长和短，表扬了陆少宁；又问了徐浩瀚升入三年级的打算："好好学习，努力"。虽然只有几个字，但是没有想到会出自他的口中；刘福泽的笑脸很是灿烂，看上去比以前老绷着脸的样子舒服多了，不要学起习来又是另一种结果——沮丧，应该有所改变；孙博文同学起的名字"博文"寓意深，但是他的数学一直是个大难题，希望他开学后会有所进步……

放学了，孩子们排好队等待着。在楼道里我提醒孩子们几次，如果家长没有来接，可以在门岗或教室等待，我也会在大门口的等待区。因为是开学第一天预料到会堵车，家长接送就困难了，我在等待区和没有被接走的孩子打着伞，一边观望着门口熙熙攘攘的家长，一边不断地嘱咐孩子们耐心等待。有几个孩子怕家长在外面等，去找家长了，找到后回来很有礼貌地给我说一声，我的心就放下来一分。

也不知道许诺和许新哲这两姐弟是不是根本没有听到我再次的强调，冒着雨去找家长没有回来，他们的奶奶前前后后在雨中来回跑了三四趟。"大娘你有伞吗？"我心疼地说。她着急地说："不用！伞在三轮车上了！我再找找！""没有在小亭子那吗？您找到了给我回个电话。"年迈的老人又一次跑进雨帘。一阵冷风袭来。手中的伞在风中已经摇摆起来，雨点也在雨伞摇摆的空档里落在了我们身上。放学已经二十分钟了，我和孩子们等家长的阵地又转移到学校教学楼的门洞那里，这里是去我们班的必经之地，我们不用雨伞就可以避雨了。门洞是教学楼的一个风口，我打了个寒战。旁边的康博轩冻得直发抖。"康博轩你妈又当老板了，大忙人，好慢呀！"我开玩笑地说。他在那偷笑，小声地说："没有。"我又安慰他们今天人多又下雨准是堵车了，一会儿就会来的。"博轩，教室的讲桌底下有一件衣服，你拿去穿上它。"康博轩回来了，穿上那件蓝色小格褂，看起来还很精神。

孩子们一个个陆续接走了，许诺和许新哲的奶奶也打来电话找到他们了，终于全安顿好了，我的脚站得麻麻的。雨下小了，不再调皮凑热闹了。老公来接孩子，我骑车走。

我骑着电车沿着学校的小河边走。刚拐到小河边，发现个熟悉的身影，穿着雨披，大大的眼睛看着我。"刘彦滋，你怎么没有走？现在都十二点半了。"我奇怪地问，她看着有些害怕了，小声地回答："我也不知道，为什么我爷爷还没有来接我。"我下了车，埋怨着这个在冷风中等爷爷的她："彦滋，刚才放学的时候我不是嘱咐了吗，家长没有来接找我去。你该去办公室里找我给你爷爷打电话，不应该在这里等，多冷呀，你自己在这里也危险。"我的天呀，幸亏没有走。我打电话联系先生，正好他开车没有走多远，把她送回家吧。我马上打电话联系家长，"您的手机已欠费……"真不巧我的电话呀，欠费了。走吧，反正送她回家了。雨又大了！我又加足了电车的电，飞快地跑了一会儿，兜里的电话响了。"费老师，刘彦滋怎么还没有回家呀？"我晕，我该问你怎么还不来接孩子呀？"哦，今天下雨，她爷爷以为她爸爸接呢，没有人去接吗？"我又劝着彦滋的妈妈："一会儿就能到家，您就放心吧。"

开学第一天的愿望很多，希望孩子们在三年级这一个学习的起点，和老师共同走过，在学习的路上收获的不仅是知识，更能学会团结、独立、自由、思考、尊敬、向上。

2012-09-02

考试之后

《考试之后》是学生期中考试以后的第一个星期天的家庭作业，我希望孩子们能够认识到自己的不足、找到差距，弥补自己的缺点，在今后的学习中吸取教训。

而今天我又拿着和学生一样的题目来写，是我遇到了难题，我不知道如何去做。

今天下午第一节体育课，我正好看这份作业，在一篇篇的作文中我读懂了孩子们考试后的想法，也在作文上给他们写下了鼓励的批语，我很欣慰，孩子们能够在考试后找到不足。

当我慢慢地打开她的作文时，我不相信自己的眼睛，字迹和她平时的书写完全不一样，用的还是第一人称。整篇字迹是大人写的，很清秀。我努力地猜着其中的缘由，家长在反思自己吗？为什么出现了家长的笔迹？里面还夹着两张比大橡皮大点的纸条，那是她写的：放下书包，向自由的生活出发。我一上语文、数学、英语就头疼……我惊愕了，更是迷茫、疑惑。所有的问题一股脑儿向我扑来。一个平时看着表现还可以的孩子怎么会有这样的想法？我猜测有可能是孩子不能完成作业，或者是不明白这次的作业谁写？文章的字里行间中却充满了无奈……

想想班里学习比较吃力的博文和浩瀚，平时在学习过程中反应慢，但也不至于有这样的想法。今天上午浩瀚身体不舒服去医院里查体，下午第二节课就赶到学校来上课，令我感动。博文每次不完成当天的作业，自己绝不回家，"今日事，今日毕。"我也是感动。而今，这个看上去很爱学习的她，不知道问题出在了什么地方？

课下我搂着她的肩膀，走进办公室旁边的空屋子里，询问中她哭得很伤心。虽然她哭了，但我希望劝导能够改变她现在学习的态度。我也反思自己，在今后的教学中我会多关注她，我想可能是她遇到了些不愿说的问题，或者是最近正处于学习的十字路口，我愿意和家长一起改变她的学习态度，希望在短时间内她能成为一个积极向上的孩子。

2012-11-15

学会面对

星期一刚上完体育课，一个孩子就把刘彦滋领到我面前，她的小嘴上还挂着几滴血，一看就是跌倒了，而且孩子们已经帮彦滋洗过了。我看了很是心疼，问明原因，原来是在上体育课时，唐荣祥跑步，在后面不小心碰到了她，磕到了嘴。我马上联系两名学生家长，唐荣祥的家长很快赶到，刘彦滋的家长不一会儿也来到学校。看到孩子后，刘彦滋的家长半蹲着，看着彦滋轻轻地说："没事，晚上我给她擦点药就行了，彦滋，不回家了，行吗？"彦滋点点头，旁边唐荣祥的家长才放心地说："那就好，以后咱都多嘱咐孩子。别给学校和老师添乱子。"我在旁边被家长的互相理解感动着。

学校是个集体，学生不是在真空中生活，在学校里磕磕碰碰是难免的事，作为老师，也不希望出现危险，但也不能为了孩子的安全、不出事故就不让孩子玩，我想这样对正在长身体的他们来说是多么的不公平：没时间游戏，没时间上厕所，没时间聊天，更没有时间放松自己。这可能没有一个家长愿意让孩子到这样的学校上学，到这样的老师手中来学知识。

我家的孩子上二年级的时候，也被其他班的孩子不小心撞了一下，嘴边上有血迹，不一会儿就肿了，我也很心疼，但是转念一想如果孩子连这点困难都战胜不了，还能做什么呢？当时的老师说："把她的家长叫来，给孩子看看。"我也是一句简单的话："没事，明天就消肿了，闺女，勇敢点。"

老师每天要面对的不仅仅是教学任务，更多的是班级琐碎的事情，今天上午上了三节课，每节上课前都没有让我的耳朵清净，"老师，她拿我的橡皮不还！""老师，齐铭阳和韩宗哲给班级减分了！""老师，许英杰哭了。"……我每天都要去面对，我希望家长和孩子也学会去面对，当我们遇到困难的时候，学会找解决的办法，要学会换位思考，学会如何解决困难，如何去面对困难，我想：无论是我、家长和孩子都应该坚信"阳光总在风雨后"，在人生这条路上不经风雨怎能见彩虹？

2012-11-21

美丽的聚会

20号，升上初一的十几个学生来我家玩，看着他们可爱又熟悉的面孔我感到很是欣慰。我询问着学生的情况，得到总是满意的回答，成绩个个不错，在学校里的表现也很优秀，受到初中老师的表扬。有一个成绩不理想的孩子，回避着我的话题："老师别问我成绩。"我马上说："做什么事不要紧，只要看到你的努力就行。"

他们正是长身体的时候，中午把我做的菜全吃光，把准备好的零食水果也扫光了，我把我家能吃的都拿了出来，看着他们吃得饱饱的样子，我是着实的喜欢："在这里和家里一样，现在孩子都少，你们就是兄弟姐妹。"

今天打开我的邮箱，杨婷在家看妹妹没有来，发给我一个信件，请求老师原谅她，我回复：永远欢迎老部下，没有对不起。

20号的聚会真是一个美丽又难忘的聚会。

2012-11-22

梅丽上学记

　　小鸡梅丽 7 岁了，是该上学的年龄了。在幼儿园里梅丽是一个优秀的学生，算数、拼音、说话、舞蹈、唱歌样样出色，经常受到老师的表扬。今天是开学的日子，也是梅丽上一年级的第一天，所以她早早地起床、洗漱、吃饭，准备上学。

　　鸡爸爸送梅丽上学。温暖的秋风轻轻地拂着梅丽的脸颊，小河边上的柳树摇摆着长长的辫子，路边的一串红竞相开放，远远望去就像火红的地毯，为秋天平添了许多亮丽。走在上学的路上，梅丽想象新学校的样子，很激动。当想到告别原来亲爱的老师和小朋友，心里还是酸酸的。

　　离学校越来越近，路上送孩子的人越来越多。在人群中，梅丽发现了幼儿园的小朋友，她挥动着小手，大声喊："米亚，我在这！"两个人相拥在一起，好像有十年时间没有见一样，其实才分开了一天。

　　新学校真漂亮！干净的柏油路一直通向教学楼的门厅，路两旁长着高大的梧桐树，那绿绿的叶子真像一个个小手，欢迎新学生的到来。花圃里，紫色的喇叭花沾着露珠，晶莹剔透，折射着清晨的阳光。梅丽东瞧瞧，西看看，总是看不够。

　　梅丽分到了一年级一班。班主任是和蔼可亲的山羊老师，她站在班级门口欢迎新同学的到来。新老师真漂亮，大大眼睛，脸上总挂着微笑。梅丽想和老师说说话，于是她走下座位，轻轻地走上前对老师说："老师，我叫梅丽，今天是爸爸送我来的。"老师点点头，摸了摸梅丽的头，微笑着说："你真漂亮！"。

　　"叮铃铃——"上课了，山羊老师给同学们排好座位，又讲了在学校注意的问题，梅丽认真地听着。放学了，梅丽和同学们排着队放学了，爸爸已经在学校门口等着呢。夕阳染红了云彩，晚风吹走了一天的热气，在回家的路上，梅丽给爸爸讲述着在学校里的事，并暗暗下决心，一定做一个大家都喜欢的好学生。

　　夜深了，月亮姐姐挂在天空，几颗星星陪伴在月亮姐姐身边。梅丽已经睡了，脸上挂着微笑，是那么的甜。小鸡梅丽太爱新学校了！

2012-11-26

感　动

　　刚搬到这个班，我发现有好多凳子是残疾，总是提醒孩子把凳子放好，坐下的时候小心点。为了让孩子更安全，我把教室里最残疾的凳子放在讲台上，供老师看作业的时候使用。

　　就这样孩子们使用了两个多月了，其实在我心里是真想找人修一修。前几天不知怎么讲课的时候说起了凳子，我突然说："我们班的凳子好多不结实，看看谁的家长能够在空闲的时候帮忙修一修。"话音刚落，好多小手就举了起来："我爸爸会！""我爷爷也会！"看着孩子们这样的踊跃，我也不知道让谁的家长来了，只说了一句"谁的家长星期五放学时候有空，谁就来吧。"

　　今天放学后，有的孩子就把凳子放在讲台上，我很奇怪，问："怎么这些凳子都放在讲台上？"一个同学不假思索地对我说："今天王凌云的爸爸来修凳子。"王凌云一直记挂着这事，已经给班上孩子们说了，这两天我都把这件事忘了。不一会儿，一个高大的身影出现在我和同学们面前，他黑黑的脸上写着朴实，手里拿着一个装着好多木楔的口袋，看见我就笑着说："老师，我是凌云的父亲，我来修凳子了。她几天前就告诉我了。"我被眼前的这个普通得不能再普通的家长感动着，我赶紧让孩子们检查为了明天成人考试叠在教室后面的凳子，把不结实、晃动的挑拣出来。在楼道外的孩子有的也好奇，走进教室说："这是谁的爸爸？"站在门口的王凌云会自豪地告诉他："我爸爸！"说完总是笑一笑。我一边帮助值日生打扫卫生，一边和他聊天，只见他找准每个凳子出现的问题，把提前在家削好的三角木楔用锤子敲打着，板凳面上的木楔翘起的，再用锤子使劲敲几下，直到和板凳面一样平整为止。就这样十几个凳子在锤子的敲打声中变成了健康的了。

　　我去了水房涮墩布准备拖地，那个高大的身影已走到楼道拐弯处，一边挥手一边说："老师，我走了——"说完转身向楼梯走去，望着他的背影，哎呀，我还没有当面道谢人家就走了。回到教室，一个孩子说："刚才那位叔叔把剩下的木楔留下来了，他说以后再有凳子不结实的可以再用。"

　　其实留下的更是我内心那份再一次的感动……

2012-12-07

小陆赠书

上周星期四刚上完语文课，陆少宁拿着一本"阳光姐姐"伍美珍的书《月亮轻吻地球》，轻轻地走到我跟前说："老师，我要给班级捐这本书。"他说话的声音很小，我没有听清楚，看着他手中拿的书，从他的话音中听出几分，但是我不太相信地又问了问，他又重复了一遍。我听了很惊讶，平时小陆同学不善于表达，在班级很少说话，不知道为什么他有这样的想法，但是为他的举动感到高兴。

我随即让在教室的孩子们安静下来，宣布这件好事，在表扬的过程中，我突然想到，何不让陆少宁管理这本书，成为这本书的管理员？我把这个想法说了大家："我班有了学校给的'阳光姐姐'的一套书，那套书的管理员是姜子涵，今天陆少宁为班级又新添了一本'阳光姐姐'的书，我想让他成为这本书的管理员，大家要是看，就找他登记。"教室里响起一片掌声，孩子们都把羡慕的眼光投向了陆少宁。

我想小陆的书会在班上传递，那份真诚和爱心也会延续。

2012-12-09

我的诺亚方舟

看过电影《2012》后，真想时间停留在那一刻。今天是2012年12月21日，是传说中的世界末日，没有亲身经历，当然也不想经历，却留下了不少难忘。难忘章雨晴和许传祥家长为班级送来的拖布，难忘当我把我女儿的校服和水果送到李佳瑞手中，听到的那声"谢谢老师"；难忘和孩子们一起到操场上打雪仗时，付小凡在我耳边悄悄说的那句话："费老师，谢谢您！"；更难忘周泽正马上要转学了，孩子们给他送去了祝福和礼物；更让人难以相信的是，当平时总让我操心的刘福泽听到周泽正转学的消息时，哭得跟那泪人似的。当我在托管班再次问他为什么哭时，他的泪水又一次夺眶而出。放学了，接到了周泽正妈妈的电话，好多孩子给她打电话，希望孩子不要转学，真令人难以相信这样的结果。在这里我深深地感受到孩子的纯真和善良，感受到了集体的温暖。

　　写到这里我想对孩子们说，别怪老师不让你们在教室里打闹，在楼道里跑跳，在楼梯里打滑，在行走的路上你推我搡，所有的严格要求都是为了你们的健康成长，在学校里给你们创造一个安全的环境，目的是不让在家的父母为你们的安全担心。

　　其实如果不注意自己所拥有的一切——生命、友谊、亲情，哪天对于我们每个人来说都是世界末日，所以我们应该珍惜每一天，珍惜每一个时刻，珍惜所拥有的一切。

　　家庭、工作是我实现人生价值的港湾，而家人、学生还有家长就是我驶向港湾的诺亚方舟，拥有这些还用担心世界末日吗？

2012-12-21

点亮 2013

　　2012 的脚步已经停止，在这一年里习惯了失败，习惯了孤单，习惯了挑战自己，把脚步放慢下来后，给自己的忠告是珍惜自己，试着忘掉过去，因为已经是习惯，所以不必去在意，只要做好自己。

　　昨晚在睡梦中跨越到了 2013 年，隐约听到周围的鞭炮声，迎接新年的到来，感觉时间过得好快，由学生时代步入教师行列有 14 个年头了，看着孩子们一天天在长大，一天天懂事，很是欣慰。希望他们在新的一年里能够认识自己，不断地向好的方向改变。

　　点亮 2013，让它照亮我们前面的路，希望更加顺利地走过。

2013-01-01

耐得住寂寞

　　暑期培训开始了！今天在皇明太阳谷微排国际酒店听了常丽华老师的报告，在她的报告中我隐隐约约看到了我，教学上的好多东西和我是那么的相似。似曾相识的感觉油然而生。是呀，自己也在做，一直在做自己认为自己喜欢的事，身上的故事也在不断地发生。教书这么多年了，我总是自己在做没有功名的教育，没有想法的教育，没有任务的教育，然后行动起来，做自己的教育，那是真正的没有污染的教育，更是一种纯真的教育，无论别人怎样，但是在自己的空间里是成功的。

　　用心做自己的教育，做自己喜欢的事，我想多年以后也会相信种子、相信岁月。做事，勿争，勿想多，勿贪图，要耐得住寂寞。

　　做卓越的自己。相信，你行的！

2013-07-12

做一个坚持者

　　暑期培训又开始了！今天有幸听到了孙明霞老师的报告，听着听着感觉在她的身上有好多我的影子。孙老师有着自己的教育思想和教学思路，与我不同的是我是一个满足型的，总是觉得自己在教学方面很是厉害，连续好多年都是年级第一。有时也偶尔记录着班级的情况，但是只是三分钟的热度。更惭愧的是读书一事，外出学习赠送的书籍，回来就堆积在一个角落，书的名字都懒得去看。要说去买有关教育的书籍更是没有主动去做，听到孙老师在书的海洋里汲取营养，真是由衷地佩服。

　　"听君一席话，胜读十年书"。在今后的教学中，我也会点滴记录，把写作当作我生活中的一部分，时常翻一翻，品味过去的生活，感受教育的真谛，反思自己，做一个热爱生活的人。

2013-08-16

那份回忆

支教的事已经定了下来，心中的那份兴奋却少了许多，说实话还有些悔意。看完家长和孩子们的照片，有些舍不得，但是细细想来天下没有不散的筵席，临时的分别只是今后的酝酿，但愿明年再教这些可爱的孩子们，再和那些令我尊重的家长一起共同管理班级。把这些可爱的精灵送入初中，这是我的心愿。

支教，我真的是有苦衷的，不要被我外表的坚强所迷惑，我内心的脆弱又有谁知道。钱只是身外之物，我现在真的不知道怎样抉择，但是我只知道，距离能产生美，我去锻炼一年的时间，让时间流冲刷我孤寂的内心。希望上帝能够拯救我的内心，让我感到活着真好，活着有价值，活着有意义。

2011年去乐陵实验小学参加班主任论坛的时候，感觉真好，至今难忘，那时就有一个闪电的想法，要是能够把我的经验教授给大家有多好。后来就想到外面的世界去看看，当听说选拔老师去支教新疆，我当时就很动心，可惜不要女教师。今天学校领导给了这个机会，我会好好地利用这个机会，给自己充充电，完善自己。

请热爱生活吧，因为它原本就是美好的。

2013-08-26

我的成长在课堂

课堂是教学的阵地，是孩子们学习知识的乐园。在课堂上，我和孩子一路走来，收获的风景留在我的记忆里。今天我就把其中的几处美景写出来和大家一起分享。

美景一：教学《爬山虎的脚》这课时，第三自然段是一个难点，理解起来较困难。叶圣陶先生是这样描述的："今年，我注意了，原来爬山虎是有脚的。爬山虎的脚长在茎上。茎上长叶柄的地方，反面伸出枝状的六七根细丝，每根细丝像蜗牛的触角。细丝跟新叶子一样，也是嫩红的。

这就是爬山虎的脚。"细细品来，爬山虎的脚不难找，但是对于没有仔细观察过爬山虎的脚的孩子来说，就是一个谜一样的团。我不忙着讲解这段话，而是放开手，让孩子仔细地读，读明白再在练习本上画一画。学生的兴趣高涨，读中悟，手绘画。我在教室里巡视着，走到一个孩子跟前，摇了摇头，要是看到有画得接近的就点点头，他们在底下窃窃私语，好像明白了我的意思，画好爬山虎的脚并非易事呀。十分钟过去了，我又找了两个孩子在黑板上展示，这两个孩子的画法当然是一个孩子画对的，一个是画错的。两幅图画完后，大家一起观察，读文章段落，对比黑板上的两幅图，这样爬山虎的脚的样子渐渐清晰了。我让在黑板上画对的孩子付立帅给大家讲爬山虎的脚的位置，孩子们自然而然地就更明白了，孩子们在这个课堂上收获了好多。在教学中要学会放手，就是我这节课最大的收获。

美景二：真是敬佩法国的法布尔，能够坚持几十年的功夫观察昆虫，又为全世界人民贡献出巨著《昆虫记》。在教学这一课时，我把孩子们自己总结的蟋蟀的住宅的外部特征和内部特征，罗列在黑板上，看着孩子们自己动脑的杰作，甚是欣喜。怎样能够巩固本堂课的内容，让孩子们把天才——蟋蟀工程师，再次呈现呢？当我有这个想法的时候，大脑随机告诉我：让孩子们演一演蟋蟀。我不得不敬佩我灵活的大脑，真是好主意！姜子涵是我们班活泼又积极的孩子，我很喜欢她的性格。她第一个举手表示可以，展现自己的时候到了。她很大方地走上讲台，真正地转变自己的角色，一边说着自己建造的住宅，一边比划着，快乐的样子如今还在我的脑海中闪动。最后还不忘调侃一下："请大家有时间来我家做客！"大家都笑了，我们都变成蟋蟀了。

美景三：写作对于孩子来说是一个不小的问题，怎样让孩子们爱上写作呢？这是一个一直困扰我的难题，所以每次写作的时候也是我不知道如何下手的时候。是找几篇例文来个千篇一律，还是让他们自由发挥呢？这是我一直苦恼的事。

我认为解决写作的问题首要是读书，在读书中汲取营养。平时在课堂上我紧抓作者表达文章的方法，潜移默化地提高孩子们对文章的感知及欣赏能力，在平时的读书中注意作家运用的写作方法，我想久而久之孩子们的写作水平会水涨船高。

其次是兴趣，兴趣是最好的老师。在教学本册写动物的课文时，孩子们通过学文及分析作者的写作方法后，学会了如何写动物的方法。趁热打铁，我就把班级分成动物小组：小猫组、小狗组、小兔组等，孩子们自己找自己组的成员，班级变成了动物组合，他们在一起商量怎样写好自己要写的动物。写完文章后，再找同组的成员互相交换，指出不足之处，找出写得好的地方，共同携手提高作文水平。发挥团队的力量，合作的精神。

当教书匠已经好多年了，一路走来，在课堂这个舞台上总会有很多风景让我们欣赏，在欣赏中我们学会成长，只有成长才可以永葆教育青春。愿我在课堂这个教育阵地里能够长青，愿孩子在教育舞台上健康成长。

2013-11-23

掌声响起来

听写还在进行中，最近的实施方案真是见效了。一开始听写的时候，我的心碎了一地，伤心伤到了太平洋的中心。孩子们 20 多个错 5 处以上的，错了 20 多处的有好几人，看到这"战果"，我只能采用"屡败屡战"的战略了，只要打不死，就接着战。采用 4 步曲听写方法，让孩子们得到了胜利的喜悦，连续 3 天的听写，今有 37 个孩子没有减分，只有两个孩子错 5 处以上，我也很是吃惊，进步太快了。

当我看到孙博文的听写，简直不敢相信自己的眼睛，满满的是黑色的铅笔字，而昨天还是"大鸭蛋"。我快速批阅完了他的听写，满满的惊喜，随手把他的听写举过我的头顶，把他的胜利果和大家分享，郑重地说："报告给你们一个好消息，孙博文只错了 1 处！"说完，教室里充满了掌声，李兆瑞激动地都站起来鼓掌，眼睛睁得大大的，吃惊地望着他，嘴里喊着："你进步太快了，真棒！"

我更相信，有付出就会有收获，失败不可怕，可怕的是自己对自己的放弃，在孩子们身上也得到了验证。掌声响起来，我很喜欢。

2013-12-12

感悟收获

今天你有什么收获吗？我收获了美好的心情。今天是圣诞节的前奏，孩子们和家长把祝福带到学校。一年就这样随着时间而流失，在指尖轻轻地滑过。你无法阻止时间的流走，但是每天都应该有收获，这样才有价值和意义。今天看新闻，习大大不是又在强调：世界观、人生观、价值观了吗？我想如果每个人都这样努力地实现自己的目标，我们的社会就会更文明更和谐。

今天你收获了吗？今天我讨好了自己的心情，我有收获。祝所有的人每天都有收获。

2013-12-24

进步了，快乐了

放学了，有几个孩子在班上打扫卫生，其他的孩子陆续回家了。本来每天徐浩瀚坐小区的校车回家，他又气喘吁吁地回来，告诉我校车没有等他，幸好他知道回来向我求救没有自己走着回家，和他的家长联系后留在教室里我们一起等待"救援"。

教室里还有收拾桌椅的值日生，突然站在身边的刘福泽笑着对韩宗哲说："有个照片特像你！"韩宗哲惊讶地问："哪儿呢？让我看看。"小刘同学快速地回到自己的位置上，打开书包找出一本书，又迅速地翻到首页，凑近了韩宗哲。韩宗哲眯着他的小眼睛看了看，笑了起来："怎么是个外国的老头呀？"我也笑了，也马上走过去看了一眼，哦，是一本书的作者，说："作者老了还这么帅，年轻的时候一定是更帅的。"说完，看了看韩宗哲，"像你一样帅。"我们都笑了。突然，我发现了新大陆了，原来的刘福泽同学总是看卡通的书或者是可笑的漫画书，在他身上缺少的是书香气，好多孩子反映他不知道怎样和同学相处。我曾经也提醒过他，和他聊这件事。而今一本外国书在他手中，还是一本不薄的书，真令我刮目相看。我看了一眼书的封面，设计得很精美，书名也很响亮，我想家长在买书的时候准是很用心。看到刘福泽手中的书，我高兴地对他说："老师看到你看的书真高兴，进步了。"

是呀，看着孩子们进步了，我是多么的快乐呀！2014年的脚步越来越近了，希望孩子们在新的一年里，做一个每天都有所收获和进步的孩子。

2013-12-27

千年老二

今天下午闺女去领奖了，获得"德州市十佳少年"的称号。全家人都为她骄傲。

闺女上幼儿园比其他的小朋友晚了一些，3周半还在小区里和她奶奶每天转悠呢，小区的人见了都问："咋还不上幼儿园呢？"其实，我感觉孩子上幼儿园晚不见得不是好事。

终于在春暖花开的季节里，闺女上幼儿园了。下午接孩子回家，翻了翻孩子的书包，打开她的田字格本，上面写了一张圆圈，像一个个小饼。我奇怪地问："你这画的是什么？还是写的字？"她也答不上来。我发现在这张纸上的最左上方的一个田字格里，幼儿园老师写的是大写的"四"，原来孩子上幼儿园晚，人家的孩子都学到大写的"四"了，她不知道是什么字，照猫画虎，写了好多圈呀。我把着孩子的手，教她写这个像圆圈的字。从此，孩子便走上了学习之路。

从幼儿园到现在的五年级，一路走来，闺女学习上没有让我操心，总是很认真地完成。上课积极回答问题，记性也特别好，最近在班上老考第二名，我封她为"千年老二"。老公说，这样没有压力。我感觉也是，高处不胜寒嘛。

人生学习的路还很长，祝愿每个孩子在这条路上都找到自己的位置，有自己的目标，并努力地完成目标。

2013-12-30

迎接2014

时间真是个顽皮的孩子，一转眼，2013年就要偷偷地溜走了。2013年，有好多难忘，好多冲动。所以也是沉淀经验，沉淀心情，沉淀过往。这一年，你过得好吗？回望过去的一年，有起伏，有变迁，有黯然失色，也有笑意盎然。

生活总在变化中不断向前，你也在时间的洪流中渐渐成长。当2014年不期而至时，给自己列一份愿望清单，向着美好的明天和灿烂的梦想，继续潇洒前行吧。挥挥手，告别2013，昂起头，迎接2014。祝我最亲爱的朋友，新年快乐，美梦成真。

2013-12-31

开学第一天

又一次拾起这个题目，这也是好多年的习惯，习惯写开学第一天，感觉第一天的意义是非凡的。新学期，新开始，新目标，新打算，所有都是新的，对我来说，第一天改变就是新心态。稻穗的成熟是把腰弯下，很是有道理的。当我们满是收获的时候，你就有新变化，接受挑战也算是一种新想法。想想好多新东西在等着我们去发现，去实践。

开学第一天，孩子们坐在一起不知道在讨论着什么，他们的学习状态总体还是可以的。但你还会发现也有迷迷糊糊继续过"元宵节"的，再远一点就是还在过"春节"。几乎每个孩子的脸上都长肉肉了，这是生活在幸福社会的最大体现。早上接到电话，孩子不舒服不来上学了，不会刚开学就有上学恐惧症吧！但愿不是这个答案。半晌午的时候，马泽宇有点恶心，询问了早上吃的什么，没有什么问题，也许是在家待的，上学不适应，不至于是开学恐惧症吧？

忙碌了一天，早自习，四节课，中午小餐桌值班，午自习，一天的楼道值班，下午托管，晚上回家已经快7点了。在回来的路上，董子巷已经是灯火璀璨，几只小野鸭簇拥在河面上，欣赏着美景。我满载着收获，陶醉在夜色里。

坐在家里回味着今天班会上孩子们的新学期新打算，他们剖析自己的不足，并向着自己的方向去努力，作为班主任的我，是多么欣慰呀。上午第四节课还没有打上课铃，我在楼道里刚拐过弯，远处传来朗朗读书声，孩子们正用行动实现自己的目标。

开学第一天，我们都在努力着，继续着……

2014-02-17

课程第一天

我也不知道让孩子搜集有关课文的拓展是不是课程，自己只能在这里这么理解了。

上午上课，最后五分钟，我让孩子们展示昨天搜集到的资料。有的孩子很是兴奋，快速地打开自己准备的资料；也有孩子是一脸的茫然，用羡慕的眼光看着拿出资料的同学。我穿梭在孩子们的中间，在孩子们准备的本上就能看出他们对这件事的态度，没有去处可查的有之，不知道怎样查的有之，没有任何原因不去做的也有之……"徐浩瀚的软皮本很精致，内容也不错，找到了今天学的1课的作者资料，又把2课的桂林山水的形成原因写得很详细……"我一边表扬，一边高高地举着他的资料本，告诉孩子们这就是榜样，我继续说，"这是我们第一次搜集资料，我们可以试着做，我想大家要是能够把每一课的拓展资料收集在手中，小组再交流，那半年以后你们比老师知道的都多，那就是很牛了！"他们听后顿时兴奋起来。

晚上快放学了，邦宇和鑫楠问我："老师，今天能搜集第3课的吗？"我点点头，心里窃喜：看来课程有效应了，孩子们喜欢干这件事，我希望这半年孩子们都可以积极参与到里面，走出课本，拥抱课外，收获更多的知识。

2014-02-18

比别人多准备点

周一我为一班代课，讲的是《黄河是怎样变化的》，我先板书黄河，随机开始问孩子们，有谁了解黄河的有关知识。孩子们思考了一分钟后，没有一个举手的，我只能给他们从身边说起，引发孩子们的学文兴趣，我们喝的自来水就是黄河水，孩子们的眼睛开始亮了起来，认真地倾听着。学习这篇课文的兴趣被逐渐调动起来了，这节课很顺利地就完成了。孩子们不仅掌握了黄河是怎样变化的原因，还知道了治理黄河的方案。

今天写这篇博客的目的是，把今天代课过程与我班进行对比，发现更好的办法以便于教学。我班现在实行的是课前搜集资料，解决课上问题，孩子们利用课下的业余时间来查找有关本课的资料，这样我在课上不用过多的介绍，小组每人准备一手资料，假如每个小组4个人就会有几种不同的资料，小组内先展示资料，再在班级上台展示，那么孩子们的资料储备就会很丰富。

周泽正就是我班爱查找资料的孩子，他搜集了黄河图片，展示了黄河之水的英姿，把好多有关黄河的图片投放在投影仪上并加以介绍，让孩子们大饱眼福。最近学有关仿生学的课文，他又搜集了仿生学的资料，孩子们都惊叹于他的那双善于发现的眼睛。以前教学时，为了增强孩子们对文本的理解，都是我在课前为孩子们找图片，如今孩子们自己去查找，去解决，既增长了知识，又培养了能力，真是一举多得的好办法。

比别人多准备点，你会得到不同的收获。

2014-03-11

在书香里成长

我喜欢在睡前看书，在深夜里咀嚼书香。

最近品味司马迁的《史记》，感到历史就像一面镜子，折射着人性。很幸运的是，老公也经常和我探讨《史记》中的故事，让我更喜欢历史故事了。"有志者、事竟成，破釜沉舟，百二秦关终属楚；苦心人、天不负，卧薪尝胆，三千越甲可吞吴。"和老公一起讨论历史，在书香里回味历史是多么幸福和快乐的事呀！

今天上午第三节课，孩子们做导学，最后一题是实践园地，填有关战争词语，其中有个"四面楚歌"的空。当我提到这个词时，赵天毅和白一汝开始滔滔不绝地讲上了项羽和刘邦的故事。我也参与其中，给他们讲起了昨晚看的《鸿门宴》，孩子们认真地听着，我们穿越了时空，感受历史的魅力。我为自己窃喜，懂得多真是好事，能和孩子们一起在书香里成长是多么幸福和快乐呀！

下午第一节课，孟卓的家长（我们学校的张敏老师）给我们班送课，孩子们再次享受了一次读书大餐。张敏老师把读书课件展示在大屏幕上，给孩子们留有看图书封面猜作者的环节。于佳欣猜出冰心奶奶，还说出了她的作品集《繁星》和《春水》，孟卓还申请背诵她的诗。于佳欣还抢答了高尔基的《童年》《我的大学》，朱康硕看到了鲁迅的图片，也和泽宇抢答出了人物名字，"《草房子》的作者是曹文轩。"子涵大方地回答道。四大名著的答案，没有想到是被平时爱看漫画书和大声说话的刘福泽回答出来了，猜四大名著的人物名字也没有难住这群"小猴子"，当张老师再次问道："孩子们，最近你在读什么书？能不能给大家推荐一下。"孩子们都把小手举得高高的，争先恐后地介绍自己最近读的书目，并说出了自己的推荐理由。沈石溪的书，杨红樱的书，比比皆是。孩子们知道的可真多呀！"我最近看散文家朱自清的书，他写的《背影》《荷塘夜色》都是很好的文章，很感人，这是高中读的内容，希望大家欣赏一下。"我震惊了，一个四年级的小学生看的书这么特别，已经拜读高中的书，听后不得不被她涉猎的书籍折服，一种敬佩之情油然而生。我知道付小凡很爱读书，寒假期间就读了八本书，并在图书馆里办了借书卡。没有想到的是她最近看朱自清的书了，难怪小凡同学写的文章与其他孩子与众不同，读书的平台不一样，放眼的高度就会不同。我为有这样的学生而感到骄傲，小凡同学不平凡。看着孩子们书香里成长是一件多么幸福和快乐的事呀！

读书继续中，继续在书香里成长是一件多么幸福和快乐的事呀！

2014-03-14

健　康

说到健康，好多人都会想到身体上的健康，很少有人会想到心理上的健康。今天讲品德，讨论的就是健康，虽然没有多么深入地剖析健康，但是让孩子们了解到拥有健康是多么重要的一件事。

教学前交流发现：孩子们都比较熟悉身体上的健康，能够认识到身体健康的重要性。当讲到心理健康的时候，确实是件难事。我从班里的孩子在组内组长受欺负这件事说起，延伸到好多人都有不健康的心理说起。孩子们七嘴八舌地说了起来。

"不健康的心理会影响我们的一生，所以在我们遇到心理问题的时候，找人诉说，或者找清自己问题出在什么地方，再严重的请心理医生来给我们想办法解决。我们应该每天乐观、向上，积极地去生活和面对问题，做一个自信的人、健康的人。"

愿每一个人都是一个健康的人。

2014-03-17

和孩子们一起诵读

今天上午连着三节课去听同事的课，没有来得及备课，只能选择16课《和我们一样享受春天》，16课是一首现代诗，我们从诗的题目就可以感受到作者渴望世界和平的情感。

先让孩子们自己读诗，初步感受作者所表达的内容。我先指导第一节的转折词——"可是"的读法，又让孩子再读，感受作者的感情。再指导孩子们读"这究竟是为什么？"孩子们揣摩着作者表达的情感。在读中体会越来越丰富的感情。

开始展示了，先让婧垄朗读第一节，有两个字成了拦路虎，朗读得不太理想。孩子们把手举得高高的，帮助小班长纠正，我很欣慰，孩子们现在学会了帮助别人，一是看出孩子们的品格在提升，二是看出他们在注意倾听。我们继续朗读，付小凡朗读得感情到位，也有很多精彩的，孟卓、佳欣、少宁、道旭、泽宇、一汝、子涵、玉洁等等，他们都是未来的朗读之星，在我班冉冉升起。

诗中每节的朗读都指导了，孩子们兴趣盎然，精神抖擞。我被孩子们的朗读感染了，"我们一起朗读这首诗，我来读，你们接读，好吗？"教室里掌声一片。

我深情地读着，孩子们也深情地接读。诗里流露出诗人对世界和平的希望和祈盼，仿佛把我们也带到了中东，身处于战火之中。教室里一读一和，教室外也是一读一和。那种感觉真美！

教室里又响起一片掌声。我们为我们陶醉的诵读而喝彩。

2014-03-18

爱的味道

中午，我在小区水果店里买了十五块钱的小西红柿。回到家来到厨房，找到一个大水盆，把这些小西红柿倾倒在盆里，打开水龙头让它尽情地冲刷，两只手轻轻地揉搓着小西红柿表皮上的残留物，再次用清水洗了两遍，又用盐水泡上。静静地等待着。十几分钟后，又用清水洗了洗，小西红柿表面变得闪亮起来，附在表面上小水珠晶莹剔透，我装在干净的大大保鲜盒里。你会问我在忙什么？告诉你吧，我在用行动兑现自己的承诺。

上周科学老师用我们班试课，讲的是《土壤》。讲到精彩处，总说："你懂得真不少，老师会送你一个礼物。""老师把礼物送给你们那组。你们组表现真好！"说完后还附带着这句："礼物在你班主任那里，下课去领。"我坐在教室前面的靠门处，说到这里孩子们就会不约而同地看我一眼，期待的小眼神在我身上搜寻着，我只是微笑着望着他们。究竟是什么礼物？我不告诉你们。要我说的话，我只能告诉你们，老师这里根本没有。

下课后，孩子们围住我就问礼物的事，我一脸的茫然，只是说"总会有的，我给你们想办法。""老师，要土壤里长出来的。"子涵大声地说。她的想法是源于刚才做的科学实验，我朝她点点头说："嗯，好的，就是土壤里长出来的礼物。"

一周过去了，我总是在琢磨给孩子们准备什么礼物。周末还思来想去的，草莓？不好拿。别的又不实际，还是来些实在又实惠的东西吧，当然小西红柿就成了首选。我走进水果店，精心挑选这来自土壤赠送给我们人类的礼物。

下午，我提着一个不透明的塑料袋，来到教室。孩子们在认真地写着中午作业。"大家先停止写作业，先去洗手间洗手。"他们陆续回来坐在位置上等待，搞得有些莫名其妙。我轻轻地揭开神秘的面纱，"哇！西红柿！"教室里的欢呼声传到了楼道里。班长婧塑给每个同学分发了两个小西红柿，孩子们放在手心里欣赏着，舍不得吃；也有的迫不及待地放到嘴里，慢慢地咀嚼着。红红的果肉占据了整个口腔。"老师，这小西红柿真甜！"小凡笑着对我说。下面的事情，大家不用再去想象了，小西红柿都成了孩子们的口中美食。

"老师，上周的事你还记挂着呀，我们都忘了这事了。"康硕边吃边回忆着。

"什么是诚信，我今天就做到了，做人要做一个诚实守信的人，才能得到别人的尊重，我也希望你们，在这件事上得到做人的启示，答应了别人要努力去做，如果做不到，要向对方说明原因，这就是做人的基本原则。"孩子们回味着嘴里西红柿的味道，也在回味着我的话。

"老师，我觉得这不仅是诚信的西红柿，也是爱的西红柿，它还充满了爱的味道。"子涵在做全班总结了。

是呀，希望这种爱，孩子们都能感受到。

2014-03-24

新闻发布会

今天周一班会的时候，我们班组织了一场新闻发布会，由孟卓主持，全班同学全体参加。

准备期间是每个孩子最活跃的时候，在小组内完成最热门的话题讨论，组长总结，最后在全班同学面前展示。孟卓安排好发言人的顺序，新闻发布会就开始了。

最先发言的是泽正，他给全班孩子们做了榜样，大方地把本组的热门话题传达给大家，下面倾听的小记者们也不示弱，对有疑问的举手示意，并提出问题。泽宇发布完新闻以后，还阐述了自己的新闻观点，这一点，其他孩子们做的欠缺些。

新闻发言人陆续地发布了自己最近几天所了解的信息，可以说无论是发言人还是小记者，孩子们的语言和思维能力都得到了锻炼。

给孩子创设一个展示自己能力的平台，是当前老师缺少的教育意识。所以在平时不要总把学习的枷锁捆绑在孩子的身上，孩子们失去了学习的兴趣是很可怕的，在教学中要不时地给他们机会，引导他们参与其中，让他们在另一个天地里发现自己，展示自己，提高自己。"人无完人，金无足赤。"不要总在某一些方面用挑剔的眼光评价人。

"天生我材必有用。"相信自己，梦想在你手中，我们班就是你的天地。

2014-03-24

生命，生命

正值春暖花开的季节，也是感悟生命的时候。习惯于春天照上几张照片，想把春天留住，留在记忆里，但是又有谁能留住呢？既然我们无法去留住，那我们就应该好好地去珍惜她，爱护她。

在课文《生命，生命》里，作者杏林子通过飞蛾求生、瓜苗生长和静听心跳来感悟生命的真谛。"我可以好好地使用它，也可以白白地糟蹋它。一切全由自己决定，我必须对自己负责。"生命虽然短暂，但是，我们却可以让有限的生命体现无限的价值。

什么叫做珍惜生命？就是不让它白白地流失，使自己活得更加光彩有力。司马迁曾说："人固有一死，或轻于鸿毛，或重于泰山。"当我在课堂上说这句话的时候，有的孩子就举起手来，能够把它解释出来。我想现在孩子们对这句话有可能了解的不那么深入，但是，学完了文章后知道活着要活得精彩，有价值，这节课就没有白学。

今天班会，我问孩子们："你们周末出去玩去了？能不能用上几个词来描绘你眼中的春天？"孩子们争先恐后地说出了春天的词语，我最后总结："我就用上周学的课文题目来感悟春天，那就是《生命，生命》，希望孩子们在这个春天里，珍惜时间，珍惜生命。"

2014-04-16

玻 璃 擦

又开始美化教室了，打扫卫生是最重要的一项。孩子们在星期五积极地报名，利用周末时间和家长来为班级擦玻璃。周末本来是休息的时间，但是有五名家长如约来到了学校。传祥的家长7点半就打电话，因有事要提前来，我还没有来得及吃早饭，就匆忙灌了一杯早上刚打好的豆浆，飞一般地向学校奔去。

我和家长们热火朝天地擦起了玻璃，玻璃的最上边有一层铁栏杆，不好擦到，还得探出身子去擦，有的地方还擦不到。我们的教室在三楼，如果探出身子太危险了。炳燚的家长是一个保洁员，擦玻璃很有经验，她使用的是玻璃擦，不用探出身子就可以把玻璃擦得很干净，但是平时使用的玻璃擦好像今天不听使唤，两个磁铁吸不上，就无法工作，玻璃擦在玻璃窗上老往下掉，原来我们学校的玻璃是双层玻璃，使用单层的玻璃擦根本不行。她埋怨自己没有提前问学校的玻璃是什么样子的，没有给单位的领导借擦双层玻璃的强力擦，我在旁边劝着，擦什么样就什么样吧。看着有力气使不上，她心里着急，她说什么也要到学校附近的商贸城买玻璃擦去。在我洗抹布的空当，她就没有了踪影。

新买的玻璃擦真是神奇，薛妈妈用起来游刃有余，在她手中上下飞舞着，我们的难题全部快速解决。外面的阳光透过一块块亮亮的玻璃，把教室照得更明亮了。我和薛妈妈一起擦着，聊着天，拐着弯地询问着买玻璃擦花了多少钱，我想，不能让家长来帮忙还花钱。聊了好长时间，还是不知道价钱。我开始怀疑我的交流水平有问题,还是家长猜出了我的心思？家长们忙碌着，不仅擦了玻璃，还把风扇和灯管擦得一尘不染。看着眼前的教室，我们虽然累，但却是快乐的。

薛妈妈收拾好工具说："费老师，把玻璃擦留下吧，班上再用着呢？"我委婉地谢绝了，说："这个玻璃擦你留着吧，单位上的强力擦也很难借。你会用，对于我这个不会用的人来说，再好的东西也是浪费了，在你手中它能实现自己价值。"在我再三的恳求下，薛妈妈只得把它带回了家。

在回家的路上，我转了一个弯，走进了商贸城百货店。周一我把130元的玻璃擦钱早早地准备好。放学了，我把包好的钱亲手交给孩子。晚上放学后学校开例会，薛妈妈打了好几个电话，不方便接听，就知道是为了钱的事。

一个曾经做过脑瘤手术的她，家庭比较困难，她还那么积极地参与班级活动，着实令我感动，我真为有这样的家长，不！五一班的家长感到骄傲。我经常利用飞信给家长写感谢信，在里面的句子中总会出现：因您的参与，我们才快乐成长！

2014-09-22

不一样的课堂

　　今天该讲《落花生》了，我读完文章，没有像往常一样参考教参上的教案来帮助我理解课文内容，而是想怎样把这一课让孩子更好的理解。当我在思考的时候，脑子里浮现出了几个问题，首先是"可是父亲也来了，实在很难得。"还有第 10 自然段，父亲说的话："花生的用处固然很多；但有一样是很可贵的。这小小的豆不像那好看的苹果、桃子、石榴，把它们的果实悬在枝上，鲜红嫩绿的颜色，令人一望而发生羡慕的心。它只把果子埋在地底，等到成熟，才容人把它挖出来。你们偶然看见一棵花生瑟缩地长在地上，不能立刻辨出它有没有果实，非得等到你接触它才能知道。"我把这几个疑问也抛给了班里的孩子们，让他们也去提出疑问、解决疑问。我和他们一起查资料，了解了许地山的父亲，真是一个令人可敬的父亲，一个爱国的父亲，一种敬佩之心油然而生。当我揣摩父亲的话时，又有一串疑问：桃子、石榴和苹果的果实挂在枝头，生爱慕之心，是正常的现象，谁不喜欢美呢？爱美之心，人皆有之呀。要是和花生相比是有些炫耀自己。怎样讲出花生的品格，又怎样讲那些水果也有的价值呢？我的问号够大的。

　　上课了，我以题目入手，孩子们小组合作读课文，其他小组听后打分、评价。当我提出本课的疑问时，孟卓说道："父亲实在很难得，不知道作者的父亲是做什么的？"于佳欣举起手来解答孟卓的疑问："这句话更能说明了作者的父亲很忙。"真的，我在我的知识宝库里搜索着答案，为我准备的问题而兴奋。四年前，我第一次接触这篇课文，教学这一环节的时候，当时也产生了这个疑问，没有积极地解决问题，而今我津津有味地和孩子们交流着，和孩子们一起解决问题。孩子们的收获也很大，通过课下自己查找资料、准备资料，再次展示资料，放开手让孩子们自己去完成课本以内和课本拓展资料，效果一定不一样。课堂上我们都成了讲故事的主角了。我们都发表自己的看法，大家对许地山的父亲肃然起敬。

当我再次提出把桃子、石榴和苹果高高地挂在枝头时，这个问题和默默奉献的花生相对比，我让孩子讨论他们怎样看待这件事，当然百分百的赞同花生了，都不喜欢高高挂在枝头的水果，和我的课前预测一样。小凡突然发表自己的看法："老师，如果大家像花生一样都默默的，谁也不表现自己，那也不行，没人发现你的。"孟卓又补充说："只要不在别人面前过度地炫耀自己，不要过度，展示自己的才华是可以的。"我非常赞同她们的观点，"是金子总会发光的。"如果没有挖掘者，发现者，你永远会埋在土堆里的。现实生活中不乏这样的例子，我们耳熟能详的"大衣哥"朱之文，如果天天在村外的小树林里，喊着自己的嗓子，全村的人用看待神经病的眼神去瞧他，没有展现自己的勇气走上大舞台，那怎么会在春晚上留下他的身影呢？有了千里马，没有伯乐，你只能在马圈里生活一辈子，怎能驰骋？

《落花生》里包含了做人的哲理，但更应该思考课文折射的哲理以外的东西，不能死板、机械地传授知识，学会引导孩子换一个角度去思考、挖掘，学会讲不一样的课。

2014-10-10

不想当将军的士兵不是好士兵

经常会听人们引用拿破仑的话：不想当将军的士兵就不是好士兵。是这样吗？好像是，正因为你想当将军，才会很好地去表现，才会争取立功，才会不断积极进取。而今天这句话又被我们班的于佳欣说出来，真是出乎我所料。大千世界，多少平平凡凡、平淡一生之人，又有多少功成名就、矢之不渝之士，追其缘由却无外乎是不是要当"将军"。撰写文章之人的想法也不是绝对的，更多的是想激励孩子们从小就有目标并为之努力，即使他不想成为"将军"，毕竟"将军"为数不多，只有"将军"成了"最高统帅"，才会有更多的将军随之而来，更多的士兵随之而进。

一个十岁的孩子就有这样的想法，真是看出小于同学有远大的抱负。远有曹操的"老骥伏枥，志在千里；烈士暮年，壮心不已。"近有毛泽东的"俱往矣，数风流人物，还看今朝。"有这样的理想和抱负是难能可贵的。我由衷地对于佳欣刮目相看。但是要做"将军"，首先要从基本做起，拿破仑最初是一个下士，但我想他一定是一个优秀的下士，脚踏实地的，做好最基本的，一步一个脚印的，再向高处攀登，这是理所当然的。

有的时候我们会发现，现在社会上存在着好多浮躁的因素，"想当将军的人"太多了，以致社会没有几个安分守己的人了，大家都争着去当"将军"而不当"士兵"了，这样的社会能不浮躁吗？我经常说给孩子们听："天生我才必有用"，有了绿叶，鲜花才开得艳丽，有了鲜花，大地才变得多姿多彩。都去当国家领导人了，国家谁来建设？那么试想：人人都想当将军是多么的可怕。一支军队，将军指挥有方，士兵服从调动，这样的军队才能打胜仗；如果士兵不安于做士兵，人人想当将军作决策，不服你的指挥，总觉得自己更胜一筹，那么会有人听吗？会打胜仗吗？所以，你如果没有"不想当将军的士兵不是好士兵"想法的话，我们在现实生活中就是一个普通"士兵"的话，那么你就向着"卓越"这个词看齐，做士兵做一个好士兵，做清洁工做一个好清洁工，做老师做一个好老师，你也会成为平凡的人海里的"将军"。

我总觉得脚踏实地地做好自己的工作是第一步，可是如果对自己没有更高的要求，那也会给人生留下遗憾。古人云："逆水行舟，不进则退。"不思进取，必然导致整体水平下降，你自己就会落在标准之外，这样就不会是一个"好士兵"。所以我们应该在业务水平上最好做到"卓越"，有了这一步后要学会再往高处走，成为"将军"。你也可能不会成为"将军"，但是在这条路上认识了自己的位置，实现自己的人生价值，你会觉得比"将军"这个代名词还要伟大！

2014-10-13

帮助别人　快乐自己

像往常一样我踏上了上班的路，电动车上唯一多的是两把大暖壶，早上听我们小区的广播上说早上 8 点停电，下午 6 点来电，我想学校今天也停电，但是没有具体的时间表，也许和小区一样吧。

办公室里就一把暖壶，七、八个同事喝一天热水肯定是不够的，把家里的暖壶带到学校是很好的解决问题的方法。我匆匆来到学校，平时在操场上走几圈，锻炼身体的计划也就打破了。打开办公室的门，办公室里的几盏灯依然发着光，电没有停，老天爷还是眷恋我们这些勤快人。从7点到8点，我不亦乐乎地烧水、倒水，同时又把同事们杯子都加满了热水。当他们陆续来到办公室，看到我在忙碌，都说提前做好了一天的准备，当然是夸我想得周到。我心里也是美滋滋的，"赠人玫瑰，手有余香"嘛！

中午送完学生，我回到办公室，掂了掂三个大暖壶，里面的热水还满着呢，心想：下午老师们喝两壶蛮够的。我又去了餐厅，嘱咐王丹老师，给班上中午吃小餐桌的孩子拿一壶，让他们中午吃饱了饭，也能喝上热水。

一下午，我们都在喝着热水。幸福的热气在杯子里袅袅地钻到我的心里，我喝了一口，回味了一下，那味道真美！

2014-10-21

可怜天下父母心

最近和孩子们一起在六单元的亲情课文里沐浴着爱的阳光。孩子们也深深地感受到周围的爱，以及对父母爱自己的不同方式的理解。我被他们的想法感动着，真为有这样的一群孩子而感动自豪。学习《学会看病》这篇课文，孩子们学会了独立和成长，并延伸到建议家长学会放手。和孩子们一起讨论父母教育子女的方式，更好地理解了"爱"这个字的含义。这几天我那根感性的弦不停地颤动。

昨天下午和孩子们一起看根据作家曹文轩小说《草房子》改编的电影《草房子》。杜小康的父亲去世了，但命运并没有阻止他顽强地成长。杜小康在油麻地小学门口卖东西的时候，桑桑给他一元钱，桑桑吃着杜小康的糖进教室的时候，杜小康望着离开的桑桑，他那种对知识的渴求的眼神始终停留在桑桑的背影中。看到这里我的眼睛模糊了，为了掩饰自己，我拿起水杯，转身离开班级。

今天我在教室里批阅孩子的日记。当我读完孟卓的日记后，我感受到她母亲身上散发出的深深的母爱味道，在母爱中她学会了理解，我又流下了泪水。在教室里，真不好意思，只能偷偷地在角落里擦去眼角的泪水。

下午，为了让家长体会到孩子的变化。我与王老师商量，录一段视频，让孩子们给家长说说心里话。几天后的家长会上，屏幕上播放着孩子们对家长的感谢，一个个镜头，一段段的话，好多家长看着看着，听着听着，已经无法控制住自己的心情，偷偷地擦拭眼泪。我也是泪流满面，转身走出教室，把教室的门轻轻地关上，走到黑漆漆的楼道里抚平我的内心。

天下有个伟大的词那就是"父母"，希望孩子们能够理解"可怜天下父母心"这句话。

2014-11-20

有你陪伴，真好

如果写教育随笔，我想很多人更多的是用笔写下与学生在一起的故事。而我今天想借此机会写一写在教育路上和我一起走过的家长。

那天，小餐桌分完饭，我走出餐厅时不小心把脚扭了一下。当时一阵疼痛，而后根本没在意，照常上课。一节课后，我发现脚肿了，我一瘸一拐艰难地走在楼道里，回办公室的路都变得那样漫长。为了不影响明天上课，回家后就把脚冷敷上，一直到晚上十点多。这时，身旁的手机"丁零——"一声，手机收到了梦瑶妈妈的一条短信：费老师，您的脚扭伤了吧？孩子来到家告诉我的，是不是很严重？明天我帮咱班分饭去。

有你陪伴，真好！

周日的一个下午，收到年级组通知，周一轮到我班家长到学校路工队值班，为了不影响学校工作，我抓紧时间与家长联系："您好，请问周一有时间吗？""真对不起，费老师，我明天有事。"本着不耽误家长上班的原则，我在脑海里不断搜索着哪位家长是自由职业，哪个家长有可能有时间。一个个电话打出去，每个电话听到的都是拒绝的声音。周一，家长的时间确实很难安排，这时，我的心绷了起来，一方面是对家长的理解，一方面是怕耽搁了学校的工作。抱着尝试的心态，我打通了志伟妈妈的电话。"哦，费老师，没问题，这事都是我应该做的，班里的事就是我家的事……"电话这头的我哽咽了，一直不敢出声，怕对方察觉我已泪流满面。

有你陪伴，真好！

浩瀚的爸爸为班级设计文化园、假期作文集；每个学期的课外古诗词打印，兆瑞的妈妈包揽了；泽宇的爷爷早早地把试卷整理好，送到孩子们手里；天毅的爸爸为孩子们讲解英语难题，给每个孩子打印厚厚的复习资料；忠艺的家长加班加点给孩子们打印明天要讲的数学集中训练题；若冰的家长不辞辛苦地联系其他家长给孩子们做班服；宗凯的妈妈为班里准备好多雪白的抹布，冒着大雨给孩子们去购买复习资料；宗哲的妈妈送来新桌布……

有你陪伴，真好！

教育的故事还在继续上演，在教育的路上我并不孤单。

2015-06-10

勿忘初心

当接到学校工会杨主席的通知，我一想到这个演讲台时，在大脑中闪过的是"弃权"二字，因为这两年来它一直围绕着我，自己总想把自己藏起来。而最近看到综艺节目《我是演说家》，很是敬佩那些在演讲台上从容讲述心声的演讲者，和他们比较，此时我站在会议室就是一种自我战胜。

今天我演讲的题目是《勿忘初心》。二十一年前，我初中毕业了，那时流行上中专。志愿书来了，我毫不犹豫地填写上了卫校，想当护士，做一名白衣天使，治病救人。而暑假后等来的是一封平原师范的录取通知书，我的理想是当一名治病救人的医生，为此和家人闹翻了天。

我被送到了师范。走进平原师范这所学校，感受到的是那种浓厚的文化气息，这种文化气息逐渐地改变了我。后来了解到鲁迅先生也有这样的经历，想一想和爱国伟人的经历如出一辙，也是蛮欣慰的。在师范上学期间，我们有一门课程是语言课，语言课是一个上了年纪的冯老师教我们。有一次教我们《小蝌蚪找妈妈》这篇课文，在班级里让我们去研究讨论怎样上好这一课。冯老师把我叫到讲台上来展示，当我把自己的想法和做法展示给大家时，冯老师点头称赞说："你以后会成为一名优秀的老师。"这是我第一次听到"优秀"一词。什么是优秀？怎样做到优秀？在我的大脑中落了个问号。也是这个词在我的内心种下了一粒种子。在学校里，我积极地参与学校各种活动，练习"三笔一话"，用知识来武装自己，用能力证明自己。

三年后，当我真正走上讲台时，面对一个个渴求知识的眼睛，面对家长的期盼、学校的希望，我感觉在学校里学的还有很大的差距，什么是优秀老师？怎样做到优秀老师？又在我的内心扎下了根。于是在教学中根据不同的学段研究课标，吃透教材，走进孩子们的内心世界，寓教于乐，把语文课变活，让孩子们喜欢上我，喜欢上语文课。利用课堂内外给他们创造展示自我的机会，如六年级开展班级日记展示会、情境化作文、读书交流会、小组解诗会、写字比赛等活动，在课堂外提升自己，如搜集课外知识、做家务、做家庭小主人等活动。一分耕耘，一分收获。看到孩子们的进步和取得的成绩，所有的付出都是值得的。

但是在将近二十年的教学路上，我也困惑过，彷徨过，也有放弃教学的念头，职业倦怠感强烈，总是劝自己想开些。"苦不苦想想长征两万五"，咬咬牙也就这样过来了。

所以成功没有快车道，幸福没有高速路，所有的成功，都来自不倦的努力和奔跑，所有的幸福都来自平凡的奋斗和坚持。人生如同坐火车，风景再美也会后退，流逝的时间和邂逅过的人终会渐行渐远，我们唯一能做的就是相信你所相信的！坚持你所坚持的。在我们教学的路上，除了耐心、爱心、恒心、信心外，还有勿忘初心。

2016-03-03

那片蔷薇花

在我们学校的北墙，沿着小河边有一大片蔷薇，这里是我上班必经之路，春夏秋冬留下了我的记忆。

最难忘的是春天的蔷薇花。孕育了一冬的枝条上抽出了嫩红的叶子，十分饱满，过不多久嫩红的叶子就变成了绿色。到了春末夏初，蔷薇花悄悄地开出了粉的花，淡淡的粉色，一簇一簇的依偎在一起。枝丫里也有的掺杂着红色的，像害羞的小姑娘和你捉迷藏。一朵朵白色的小花，每一朵都展示着一幅明媚的青春；舒展的每一瓣，都闪耀着生命的光泽，让空气中弥漫了纯纯的喜悦。在甬道的两旁从这一头一直延伸到另一头，像是一个美丽的宫殿，四周洋溢着花香。

好的东西要学会与人分享。每年这个时节，我就会选好最佳的赏花时机，带着班里的一群孩子在蔷薇花组成的花墙下驻足，让孩子们感受大自然给予我们的礼物。

　　明年的蔷薇依旧花开烂漫，我们也会继续感受春天色彩。明年的蔷薇花下还会有一张张赏花的笑脸，那场景一定是温馨而又浪漫。

2017-05-04

平安夜送果子的佳津

　　12月24日下午，和我搭班的段老师在微信上发来一张照片，照片里是一个精美的小礼盒，礼盒的外缘帖着一张纸条，纸条上工工整整地写着："平安夜快乐！送费老师，虽小但是心意。佳津。"我随意扫了一眼名字，在大脑中想到的就是现在教的津锴，我自言自语地说："津锴和他爸爸还有这样的情调吗？真没有想到呀。"我又一次欣赏这个虽小却代表心意的平安果，再次又念了一下名字——李佳津，脑海中便闪现出两年前毕业的一名瘦小的女学生，感动充满了全身。

　　佳津是三年级的时候转到我们班的，老家在河北，父母在德百物流做小本生意，因爷爷奶奶年纪大了，无法再照顾她，所以只能来德州和父母生活在一起。佳津还有一个长她七八岁的哥哥，哥哥也和父母一起做生意。第一次来学校，是他的爸爸和哥哥送来的，哥哥也是一个个子不算高、瘦瘦的小男生。爸爸看起来年纪大了点，也许是老来得女，一看就是全家很宠爱的样子。

　　来到班级，佳津很快就融入到里面。开始这个小孩表现的特别好，渐渐地，不完成作业，和女生不和……好多毛病在她的身上凸显出来。我和她谈心，得知是她在原来学校养成的坏习惯。我鼓励她慢慢改。经过一段时间，她的各方面步入了正轨，一切都好多了。每天放学，都是他的哥哥早早地来接她。

　　一天，我和以前一样，放学后把孩子们送出学校大门口。这时，佳津走到一个瘦瘦的、眼睛大大的、带着病态的中年妇女旁，那个妇女看我来了，快速地走到我面前，用微弱而又细细的声音说："您是费老师吧，我是佳津的妈妈。您多费心，她这些年在老家上学，我一直身体不太好，我们没有管上……"在身旁的佳津嗷着小嘴小声说："你怎么来了？"妈妈赔着笑，看着她说："你哥哥进货去了，今天没有空。"第二天，我找了个时间和佳津聊天，问她为什么昨天妈妈来接就不高兴，她低着头，轻轻地说："感觉妈妈年龄太大了。"我才明白昨天她见到妈妈的举动。

语文课不仅仅是在学文识字，更是一个教育孩子思想的阵地，语文老师不仅仅是一个知识的传播者，更是一个思想的唤醒者。

在教学中，我经常利用课堂，给孩子们读一读家庭故事，感恩故事，潜移默化地让孩子感受什么是"爱"，怎样去"爱"，因为有了佳津这件事，我时不时地在课堂上让她说看法，给她机会判断。课下，我又多次和她聊天，把母亲来接她的情景作对比，语重心长地说："一个人，连父母都不孝敬、看不起，有隔阂，都不能交流，有再多的朋友有何用？如果你周围的人知道你是一个不知道感恩之人，你也不会有朋友，我们班的孩子们不会喜欢你的，我也不会喜欢你的……"经过一段时间，她变了。

校门口，远远的，站着一个瘦小的带着病态的中年妇女，佳津高兴地跑过去，拉着妈妈的手向我挥手再见。晚霞照出她们长长的回家的背影。

2017-12-24

一直奔跑的炳燚

年级组准备元旦节目，视频背景需要正能量的照片。我在手机里来回翻着，不住地找寻有关这个主题的照片。随后给年级组的负责人发了几张班级孩子们学习的还有参加各种活动的照片，感觉还是比较满意。我继续翻着相册，照片一张张地在我眼前划过，每张照片都给我留下了美好的回忆。突然，我的视线在一张照片上停留下来。这是去年暑假将近结束，一个孩子和他的妈妈在我们班级外面的书橱整理书籍的一张照片。这个孩子的名字叫薛炳燚，去年刚刚毕业，他和妈妈又来学校是给我接的新的一年级的孩子们送书，把他的所有小学买的课外书全部捐给我们班。他所作所为和他的年龄完全不符。

炳燚的妈妈是一个普通的清洁工人，爸爸是一个干苦力的搬运工，家庭生活比较困难，更令这个家庭雪上加霜的是妈妈是一个脑瘤患者，曾经做过一次比较大的开颅手术，外债借了不少，直到他小学毕业，听说他的家庭还有债，现在也还是小区的低保户，当然学校的贫困生补助也少不了给他。虽然家庭条件很差，而且已经毕业了，但一家人还心系学校，着实令人感动。

炳燚也许是一个五行缺火的孩子，光名字上就五把火，这五把火不知道烧到哪里去了。一年级背诵课文慢，背诵古诗慢，不过最后还是能够背过。高年级了背诵课文更慢，背诵古诗更慢，背诵品德超级慢，不过还是坚持背诵过。一天，妈妈来接他，说晚上背品德一个题用好长时间，在一旁做事的妈妈笑着对儿子说："你也真够笨的，我都背过了，你还没有背过，你要用心。"儿子停止背诵，不相信妈妈的话，吃惊地说："妈，您给我背背，我听听。"妈妈真的背诵了出来，还一个字不差。儿子也只能服了大人了。虽然做什么事慢点，不过炳燚一直都在努力地去做。

一天，放学后，我去班级拿东西，发现班级的教室门没有关，怎么回事？我轻轻地推开门，炳燚在教室里看着书，在座位上认真地写着字。我问他："大家都回家了，你怎么留下了？""妈妈下班晚，放学我都是自己走着回家，耽误学习的时间，妈妈说让我在这里多看一会儿书，多学一会儿。我在班上学习老跟不上，拖了大家的后腿，我班的同学在路上的时候，我还在学习，可以多学点，妈妈下班后来接我，这样就不会耽误学习了。"

炳燚的腿脚不好，在路上走得慢，平时在学校跑步的时候总是要倒的样子，但是还是坚持跑路队。六年来，由于妈妈工作的原因，每天需要早早的去单位，只好把孩子先送到学校里，所以班级来得最早的那就是他了。他每次都帮助值日生打扫教室，抹桌子，整理讲桌。一天如此，一个星期如此，一个月，一年，六年，就这样一直坚持着，早晨的阳光还没有照到教室，他已把教室唤醒。

时光荏苒，那个满脸笑容的妈妈和她身边笑容满脸的炳燚不知道现在怎么样了？是不是还是在努力地奔跑？我又把这张充满正能量的照片发到了年级组，希望这样的能量继续传递。

2017-12-27

你的样子
——观 2018 年元旦晚会《最后一课》有感

元旦晚会前各年级组都准备着节目，唯有我们二年级节目迟迟定不下来，还有三天的时间，我们整个组都在策划节目内容。开会，开会，节目，节目，看着别的组搞得热火朝天，我们的级部主任海新真是愁煞了。

　　大喜讯！节目终于出炉了！最后板上钉钉《最后一课》。我们组最最受爱戴的刘兰会老师首当其冲接下了主角这一角色，当然年轻教师那就是配角了。从节目的题目上你也可以猜出了三分，后面那就是期待大家的精彩表演了。

　　元旦晚会的节目精彩纷呈，展示着德开人的风采，更体现了德开人的精神。《最后一课》马上开始了！我被安排到节目结尾环节，和海新、赵老师一起走上舞台，与组内演出的老师们一起合影告别的场面。因为嘉伟老师参加了节目表演，我一直在班里看管学生，没有彩排，我在后台问了问具体怎样，就匆匆忙忙地在舞台边等待上场。

　　节目开始了！下课的铃声响起来了，同学们在课下做着各种游戏，童年的快乐洋溢在他们的脸上。这时刘兰会老师身穿蓝色的加绒裙，头发向后盘起，黑头发已让白头发淹没，戴着老花镜，夹着书脚步稳重地走上讲台，她表情严肃，很深情地对学生们说："孩子们，我们上课吧，今天的课是我给大家上的最后一课，明天我就要离开我最爱的讲台了，离开最爱的你们了。"说到这里，刘老师的声音变得哽咽，她停了停，接着说，"请大家翻到课本第八页……"学生们好像明白了一切，认真地朗读着"植物要远行，就得告别妈妈……"刘老师在孩子们中间来回巡视着，时不时俯下身子指导着孩子们。候场的我，眼睛始终在刘老师身上停留，她现在的样子，就是我以后的样子。戴着老花镜，身体不再轻盈，走路不再风风火火，讲课不再才思飞涌，更没有现在的激情……不知不觉眼泪已模糊了我的双眼。

　　快下课了，刘老师深深地拥抱每个学生，她声音哽咽，饱含深情地给每个孩子送去叮嘱：嘱咐学生们注意身体，嘱咐学生们好好学习，嘱咐学生们以后要听老师父母的话……这是她在教育生涯中，在教书几十载，千万回叮嘱中的最后一次叮嘱。那种对教育的不舍，对学生的不舍，对讲台的不舍，深深地打动着我们在场的观众。我此时还是流泪，您的样子就是我以后的样子。

　　音乐响起，"每个梦想都是值得浇灌，眼泪变成雨水就能落下来，每个孩子都应该被宠爱，他们是我们的未来，这是最好的未来……"林蓉婉老师和两个学生唱起了我们老师所有的心声，"我们的教育事业说长很长很长，说短很短很短，三十几年的时光说没就没了，所以我希望大家要坚持自己坚持的，追求自己追求的，我们的未来一定是最好的……"在最后节目的尾声她深情地诠释着自己对教育事业的解读。还有一年的时间，刘老师就退休了，那时刘老师真的就要离开三尺讲台，离开学生。

但是她给我们年轻人留下了一笔财富，那就是始终的认真、责任和对学生的爱。

感谢您，您的样子是最美的样子，更让我看到了我以后的样子！

2017-12-30

行走在路上

今年，有幸成为一名教师资格证的考官，几年前就把我的资料输入到了考官库里，可是好几年了，都没有机会被抽取到，所以一直没有这方面的经历。今年接到了通知后，甚是欢喜，第一次去做这件事很是期待。

昨天晚上就和我们这组的考官认识考场以及熟练掌握操作程序。回到家后，兴奋得都没有睡好，一晚睡了三大觉，梦了三次迟到没有赶上去考场的车。

今天一共有25名考生进行教师资格证考试，"八仙过海，各显神通"，和有经验的考官在一起，长了不少知识，也看到了好多考生的不足，这些考生在这条教育的路上行走，还需要更多的知识来武装自己，充实自己。

"对不起，考官，我有些小紧张。"这是好多考生在我们指出本课不足之处经常挂在嘴边的一句话。其实，每个人都是紧张的，这是可以理解的。往往好多考生是出现了严重的错误，因为是机密和有关隐私，在这里我只能以自己编的名字代替考生的名字了。

紧张后发音错误。文秀是一个很秀气的考生，回答考官提出的问题条理清晰，当她说讲课的题目是《索峡谷的"野"》时，我在大脑中就不停地找寻，一到六年级哪篇文章是索峡谷。文秀转身把课文的题目写在了黑板上，定睛一看是《索溪峪的"野"》，一开始就犯了致命的错误，模拟课堂讲到了最后，才讲出了正确的地方。

不明白古文内容。楠楠的姓名很好听，这里就不写出来了，她抽的课题是小古文《杨氏之子》，这是一篇反映杨氏的儿子很聪明的一个故事。文章最后：儿应声答曰："未闻孔雀是夫子家禽。"更体现出小孩答得及时答得妙，但是对于初考的考生来说，如果没有做好这一课的功课，讲好真是有很大的难度，当我们问这位考生"孔君平诣其父"是谁来杨家拜见时，考生回答是"孔君"，在说课的时候，还说是"孔子"，当考官最后给她提醒时才恍然大悟，里面的人物还没有搞清楚。

　　错别字错得离谱。大宇抽到的课文是《秦兵马俑》，这篇课文的结构清晰，主要是里面的生字比较多，需要老师略微指导。大宇的教学思路总体是不错的，唯一遗憾的是在黑板上写了这么几个字大跌眼镜："魁梧"写成"槐梧"，"梧"读音二声标成了三声，"颔首低眉"的"颔"本来在考生资料上有标音四声，写成了二声，"眉"字底下"目"写为"日"。抽到《山中访友》的大敏敏考生把"鸟"的最后一笔鸟腿"横"干脆写成了鸟眼"点"。

　　板书不规范，笔顺错误、书写差。在这两天里，考生在黑板上的字可以说真是不能欣赏。教师的粉笔字就像一面镜子，它影响着孩子们的书写，要当好一个老师在粉笔字上一定下点功夫，给所有人留下很深的印象，这更是一个态度问题。我想，如果老师的粉笔字写得好，一个班的孩子们的书写也不会差。考生的板书设计不规范，板书就像是一节课的眼睛。好多考生副板书和主板书放在一起，很不清晰，分不清什么是板书，好像在记录自己的内容。要想设计好板书，必须读懂你所要讲的内容，知道这节课重点讲什么，给孩子们传达什么，这样就会轻而易举了。字的笔顺书写也很重要，作为教小学生的老师尤其要着重研究，不然怎样才能做好榜样？

　　不按提示要求备课。所有的考生拿到课文资料的时候，资料的后面都有对本课教学知识的提示，也就是重难点，考察学生用什么方法解决这些提示要点。好多考生在备课的时候忽略了下面提示，讲了十分钟的时间，没有讲到点子上，白费了口舌，展示了自己的所谓"才华"却浪费了自己的功夫。一个叫洁洁的考生抽到了《我的伯父鲁迅先生》，提示要求给资料加一个小标题，这个考生在课堂上根本没有理会提示，时间结束后，当我们提醒她加小标题时，她一脸疑惑地说："考官，我不知道这是什么意思。"

　　两天下来，经历后已不再兴奋，但是确实有满满的收获。希望这些想做老师的考生如果真走上了教育的岗位，能够苦练基本功，一步一个脚印地做好"教师"这个职业。

2018-01-06

心灵约会

　　当了两天的教师资格证的考官，在考生必答题里有这样一个题：泰戈尔说："师生活动是师生'心灵约会'的活动，一刻也不能离开情感的交流。"师生心灵相约不仅仅在课堂的传授知识过程中感受"心灵约会"，在课外也要有"心灵"的碰撞。

　　在近二十年的教书路上，我和孩子们一直享受"心灵相约"的幸福。

　　和孩子们一起玩两个"瓶子"同时落地。那是在老学校的事了，当教学《两个铁球同时着地》这一课的时候，我就和班上的孩子们相约一个时间见证伽利略的真理。我把孩子们安排在教学楼下，我跑到学校的四楼，提前准备了两个塑料瓶，都把他们灌满水，一个特大的，一个特小的。孩子们在楼下等着见证奇迹的时候，打开四楼的窗户，我伸出两只手，争取把两个瓶子放在一个水平线上。"一——二——三——"楼下的孩子们同时喊着口号，我把两个一大一小的塑料瓶同时撒手，瞬间，两个瓶子同时落地，摔成了稀巴烂，水溅了一地，孩子们都为伽利略坚持真理而鼓掌。

　　和孩子们一起观察两只喜鹊。春天的天气刚刚温暖起来，一棵棵高大的杨树正在伸展着自己的身体，准备着迎接春天的到来，它们的叶子也探出了小脑袋瓜来。我们教室窗外不远处的大杨树上，不知道哪天飞来了一只大喜鹊，它在树枝间飞来飞去，时不时还传来阵阵鸟叫声。不知道哪个孩子突然说："老师，你看杨树的树丫上有好多横七竖八的树枝。那是大喜鹊在做窝呢。"这句话引起了全班同学的好奇，包括我。上课或下课的时候，只要有鸟叫，他们都会向外瞧一瞧。我发现这件事影响孩子们正常上课了，就说："我提议，大家拿来望远镜，我们只要有时间就用望远镜观察喜鹊怎样做窝吧。"孩子们很开心，都拿来望远镜去观察喜鹊做窝的过程，包括我。后来，这只喜鹊又引来了另一只喜鹊，我想是娶了媳妇，两只喜鹊一起构建自己的家。杨树的叶子渐渐挡住了那个大窝，我们用望远镜也看不到了里面的情景，再后来听到了鸟巢里啾啾的小鸟叫声，喜鹊宝宝出生了，那叫声真好听。

　　和孩子们一起在水中看日食。不知道是哪一届学生了，更记不得是哪年哪月哪天了，但是和孩子们一起观察日食的情景却是那么的清晰。

因为眼睛不能直接去看太阳，我和孩子们在下午的第三节课，都拿来盆子，盆子里接上半盆水，再滴上墨水，然后把大脸盆都放在大操场上，利用盆子里的水来观察。我们都在大操场上分散开，等待着日食的出现。大自然真是奇妙，当日食真的呈现在盆子里的时候，我们欢呼着，互相击掌。

和孩子们一起相约蔷薇花。现在我们新学校的北面是一个通向远方的小河，河岸边种了好多蔷薇。每到夏初的时候，满墙的蔷薇竞相开放，粉的赛霞、红的像火、白的似雪，单层的、双层的、多层的……每朵有每朵的娇艳。这个时候，你就会看到在一个好天气里我带着班上的孩子去欣赏蔷薇。这是我们每年的相约课程，孩子们近距离感触着这大自然赠予的礼物。孩子们发现了植物的秘密，植物的神奇。

和孩子们一起牵着蚜虫散步。"老师，我要把蚜虫领回家，当宠物来养，没事的时候牵着蚜虫散步。"这句话出自班级里一个叫王浩然的学生口中。当我们学完课文《棉花姑娘》的时候，正值初夏，也是蚜虫肆虐的时候，我发现在我们班级楼下的天井里有几棵龙爪槐，龙爪槐的嫩叶上趴着好多绿色的小米粒大小的蚜虫。我和孩子们在学校的天井里找到这些可恶的蚜虫，孩子们为了保护龙爪槐的嫩叶子，用手小心地把蚜虫捏下来，想把它们全部消灭掉。他们想法是善良的，做法是不可行的。

和孩子们在学校寻找秋天。生活中处处都有美，缺少的是发现美的眼睛。秋天的天使打翻了她的调色板，"赤橙黄绿青蓝紫"，色彩缤纷。我又带领着孩子们走出教室，在校园里寻找秋天的美。梧桐树巴掌样的叶子正渐渐地变黄，叶子的颜色就像黄、绿两种色彩渲染了一样；栾树的种子像黑色巧克力豆，没有成熟的是绿色的；校园的东墙根底下还有一棵石榴树，你要是不仔细找不会发现的，告诉你们，这棵树上结的像水晶似的石榴籽是酸的，爱吃甜的可别去惹他了，酸得我们直咧嘴。

和孩子们去操场打雪仗。"北风那个吹，雪花那个飘。我们相约操场打雪仗。"这是我们最喜欢的游戏了。"同学们，这节课我们不上语文了，走——我们一起去打雪仗。"六十几个人的脚丫踩进雪地里，咯吱咯吱，就像一首交响曲演奏出冬天的美妙。先把几个大雪球组合在一起，找个大笤帚，用黑笔画上眼睛、鼻子，红笔画上大大的嘴巴，虽然临时的雪人样子不怎么好看，但是对我们来说就是最美的作品了。打雪仗了，全班分为两组，你投过去，我投过来，因为双方离得远，都是很敏捷的躲闪过去。还没有玩多长时间，两组就乱套了，成了几人攻击战，后来又成了两人攻击战。校园的操场上留下我们乱七八糟的脚印，操场的上空回荡着我们的欢声笑语……

和孩子们在一起相约的时光是美好的，更是难忘的，每次和孩子们相约就是一种情感上的火花碰撞，真好！

2018-01-07

女儿也发烧了

上午快 10 点的时候，先生的一个电话乱了我的阵脚。"闺女拉肚子，现在正打出租车回来，我让她直接去门诊，已经联系上了陈大夫。你去到门诊那里接应一下她。""不行，段老师去萌萌那里了，她父亲去世，好多老师都去了，找不到人，今天中午分小餐桌都是家长来帮忙，班里不能没有老师，中午放学我还得送队……""你先别管了，我让他爷爷去吧。"最近先生去下面单位进行年底检查，因路程远中午不能回家，老爷子的心脏也不太好，但只能靠老人来解决孩子的事了。

"嫂子，静静到门诊了吗？"上第三节课铃声还没有响，我在教室里看着班里的孩子们，利用余下的时间给门诊的大夫发了一条短信。"还没有呢，她爷爷在这里呢。"一分钟，两分钟，三分钟，最近诊所忙，我怕大夫看不到短信，拿起电话又打了过去，"妈妈，我来了。我打了一针小针，一会儿和爷爷回家了。"听到了女儿的声音，我终于可以放心了。

放学后，赶到家，看到躺在沙发上的女儿蔫蔫的，一只手放在额头上，我给她量上体温后，又去厨房帮助老人做饭。"38 度了，多喝水。"女儿吃了点面条，又吃了退烧的和消炎的药，自己上床等着降温了。我坐在她的床边，看着她入睡的样子，感觉好长时间没有这样近距离地陪在她身边了。女儿每天中午都是匆匆地吃饱饭，在家待不到二十分钟又匆匆地去上学了，晚上挑灯写到 11 点多，根本没有时间交流和陪伴。我给段老师发了一条短信，说我晚去一会儿。幸亏上午就调好课了，离下午我的课还有一个小时，我可以多陪一陪她。半个小时过去了，"妈妈，出汗了。比刚才好多了。"女儿摸摸自己的额头，看起来轻松了好多。我又给她倒了一杯热水。老公不放心，还是从很远的地方赶了回来，他的回来给我腾出了继续上班的时间。"下午我请假了，你上班去吧。"

　　在上班的路上，阳光照在我身上，暖暖的，虽然今天的风有些冷，但是，我还是放心地去上班了。刚刚下课，先生的电话再次打来。"我送孩子上学去了，她说没有事了。"想想女儿克服困难的性格真有些像我。

　　其实女儿从小就是一个胆小的孩子，很小的时候就害怕打针，一打针就会哭晕过去。大了一点后，变得特别勇敢了，自己走到医生面前，打完了，一声也不哭闹，这种霎时间的变化让我很惊讶。刚刚上一年级，让一个班的孩子不小心碰到了嘴，嘴都肿到鼻孔了，来到办公室找我，噘着她的嘴还说没有事。还有一次，和同学骑自行车，骑车技术还在萌芽状态的她，下坡的时候，她的同学突然跳上自行车后座，她猛冲下来，自行车狠狠地摔在了地上，她的脸跟着着地，门牙磕下来一颗。当我见到她时，她捂着擦伤的半边脸，手心里攥着那颗刚刚掉下来沾满血的门牙，伸开手说："妈妈，牙在这里了，我在地上捡起来了。"我看到她的样子，又是心疼，又暗暗的佩服。

　　班上的孩子最近又有发烧请假的，今年的流感又再次疯狂起来。一下午，我在教室里指导着孩子的练习，不停地嘱咐着班上的孩子多喝水，心里还牵挂着去上学的女儿：还拉肚子吗？还发烧吗？喝水了吗？

　　放学了，孩子们都背起小书包回家了。我和段老师又用消毒水给教室消毒，消毒水的香味飘到了教室的每一个角落。明天，希望明天孩子们都能来学校上学，不再发烧。

　　夜色早已降临，黑色的天空中闪着几颗特别亮的星星。女儿放学回家的时间到了，我听到了女儿在楼道里上楼的脚步声，门栓响了，她打开门："妈妈，我回来了，下午挺好的……"

2018-01-11

我的故事

因为总是想起，总是回忆，过去的我都害怕淡忘，把它们写下来是为了对得起现在的自己。

朗 读 者
——《记得你是女子，然后忘记你是女子》

一群姐妹辛苦排练的"朗读者"终于完美落幕，成绩不是很满意，但是经历就是一种幸福。参加节目前画了个淡妆，又穿上了昨天特意为参加活动买的旗袍，人也显得精神了不少。

节目结束后，我匆匆赶往班级准备做操。还没有到班级门口，一双双小眼睛就齐刷刷地投向我，头上是几十个小问号："老师，你今天真漂亮！""老师，你干什么去了？"就像一群小鸟围着我问个不停。整队时，小彬洁悄悄地走到我面前，说："老师，你是不是参加节目去了，能不能给我们演一演？"我朝她笑了笑说："做操回来，给大家演一演。"她开心地走开了。

做操回来，我耐心地等待着孩子们入座，我再次成为舞台上的朗读者，这次和刚才比又是另一种心境，给孩子们读和参加比赛完全是不一样的。当我深情地把刚才我自己独立完成的那一个小节，呈现在孩子们面前时，望着他们的眼睛，不知道他们是否读懂了我所表达的情感，向他们倾诉的这份感受。

听着孩子们的掌声，我也深深地祝愿孩子们：此生，不张扬，不喧哗，不媚俗，途经四季冷暖，安然与时光对坐，守着自己的烟火，与日月把酒，与风云倾杯，与经年言欢，心不染尘，情不然殇，花开优雅，花谢留香。这样的，看世界。

一个也不能少（一）

那是 2010 年的春天，还有三个月的时间，教了六年的这群孩子就要毕业了，我和孩子们相约去离学校有十里地的减河湿地春游。

这天，风和日丽，孩子们一路欢声笑语，在长长的、清清的减河边上了留下了童年的记忆，我给孩子们拍照，把那一幕幕美好的瞬间用相机捕捉，在按下快门的那一刻，定格时间，定格欢乐。在这减河边上给孩子们许下诺言："等大家毕业那天，我给你们每个人一张减河集体照，我们班的每个孩子都有两张毕业照。"

我们无法阻止时光匆匆的脚步，很快孩子们毕业了，六年级考完试后要来学校最后一次。返校这天，是我们最后见面的一天，我在学校的大头电视上放映着用录像机记录下的孩子们平时的点点滴滴，回忆着我们在一起学习和生活的镜头，虽然有些难舍难分，但是我跟孩子们说："离别意味着我们再次出发！"

统计人数，有一个孩子没有来，是白茂林。后来听和他要好的一个孩子说，他一直在他姑姑家住，没有人知道他姑姑住的具体地址，只知道他回老家了，不知道什么时候回来。茂林是一个白白净净的四川娃，不知道什么原因一个人在这边上学，他也是一个转学生，五年级暑假开学的时候分到了我们班，当时由于入学考试考得不很理想，其他班级不肯收留，最后就像是和这个孩子有缘一样，来到了我们班。

"天下没有不散的筵席。"孩子们准备回家了，我把学校的毕业照逐一分发给每一个孩子。发完后，我又把在减河边上的春游集体照依次分发给每个孩子，孩子们找寻着照片上的彼此。我把剩下两张照片用一张大纸小心地包起来，然后，走到白茂林的课桌前，轻轻地放在他的桌洞里，我给其他孩子交代说："暑假期间茂林来了，跟他说照片在他的桌洞里放着呢。我们班的钥匙还是在门框上面。"

暑假过去了，我还是记挂着茂林是否回山东探亲了，后来一打听，根本没有回来。"照片怎么办呢？"我接手新的年级，教室也正在更换。我快速地飞奔到原来的班级，一群陌生的孩子正在班上打打闹闹，我走到茂林原来的位置上，低头看看了桌洞，没有留下照片的影子，我又大声地问了问班里的孩子，有没有发现一个纸包裹的照片。学生都说没有看到。为什么没有呢？桌子是不是更换了呢？一连串的问号挤满了我的大脑。我又打了几个电话问了几个和茂林要好的孩子，是否帮茂林拿走了，返回的信息还是没有。怎么办呢？全班的孩子拿到了六年级的毕业照和减河的集体照，只有茂林，一个来自远方的孩子没有得到。正在不知所措时，一个孩子给我来了电话，说他有茂林的 QQ 号，我说，要他四川老家的具体地址，照片给他寄过去。功夫不负有心人，我得到了一张小纸条，上面记录着茂林所在四川初中的具体地址。

那天，我走进了邮局，挑选了一张漂亮的邮票和一个信封，把重新冲洗的照片装好，又在兜里掏出那张小纸条，仔细地看着上面的字迹，工工整整地把地址写在信封上。我把一切都做好，又在信封上用小字写下这样的一句话："请邮局的工作人员勿折,这里面有孩子的照片,谢谢!"我骑着自行车,迎着暖暖的秋风,心想:班里孩子的照片,一个也不能少。

如今,我又送走了一届六年级的孩子,又接了新的一届,不知道我上上届的白茂林是否已经长成大小伙子了,他当年是否收到照片了?

一个也不能少(二)

学校里安排我上一节录像课,在正式录制前,我先去学校四楼录播教室,试了试自己设计的这堂课的时间和环节是否合理。我把课件提前设计好,其实,也不是多么高大上的课件,就是前鼻音韵母"an en un"几张图片。

我提前去四楼把课件拷贝在电脑上,试了试课件,感觉设计还是比较流畅的。下节课就是试讲的时间了,我走出四楼,去一楼领我们班的孩子。这时班里已经下课了,有几个孩子拿着书在班级门口等待站队了,我嘱咐孩子们,拿好课本和文具盒,把自己准备的拼音卡片也拿好,一切准备妥当了。

因为是我们班的孩子第一次离开一楼,去高高的四楼上课,我走在班级队伍的前面,长长的队伍有序地从一楼走向四楼录播室。来到录播室,我把孩子们都安排好座位。付超会哪去了?怎么少了一个人呢?我先让孩子们读着拼音,我又沿着刚才的路线返回去。在二楼的门厅里遇到了李新玲老师,她赶快叫住我,说:"小费,是你班去四楼了,我刚才看到一个小孩,手脚并用上楼,后来不敢上了,又坐在楼梯上,拖着屁股滑下去,又回教室去了。应该就是你班的了。"我这才恍然大悟,才知道付超会为什么掉队了。我匆匆地回到教室,超会正无助地坐在座位上,朝着站在门口的我笑。看来终于找到组织了。

超会是我们班比较特殊的孩子,上一年级的时候年龄有九岁了,他的爸爸是一个地道的农民,老实忠厚。妈妈是一个脑炎后遗症患者,生活勉强能够自理。这样的家庭出来的孩子,与人接触对话都有很大的障碍,不会说话,更不会表达,听说在幼儿园里4、5年的时间"傻子"已成了他的"代名词"。记得第一次写拼音"a o e"的时候,我走到他的身边,他站了起来,嘴里含含糊糊地说着什么,我根本听不懂,我又让他说了几遍,还是听不懂,心想,以后和这个孩子交流是不是要找一个儿童语言翻译呢?我低下头,拍了拍他的肩膀,安慰他说:"不要紧张,一个字一个字说,慢慢来。"在他的嘴里终于发出来简单的断断续续的几个字:"这个写几遍?"这是我接触两个星期后的他第一次说出完整的一句话。我看着这个孩子着实有些可怜，因为家庭的缘故，周围环境的缘故，但是我们不能歧视他，那样他可能真会变成"傻子"。

我要帮助他。教学"a o e"，孩子们当小老师在讲台上领读着，我站在他的身边听着他的发音，指导着他发音的口型。开火车朗读时，小火车也不能在他身上停下来，我指着黑板上最简单的拼音让他来试试，发不出来，或者卡壳不认识，全班的孩子都会帮助他，他会了，读对了，表扬的话、鼓励的话及时送出，"大家把掌声送给付超会！""付超会，你进步真大！""你这个句子读得一个字都没有错。真厉害！"在我的引导和孩子们的帮助下，由一个字到一组词，再到一句话，发音比以前清楚多了。孩子们都为超会的一点进步而高兴。

录像课试讲全班孩子都上阵，不能为了录像效果，把这个孩子单独留在教室里，别的孩子有去四楼学习的机会，他也应该有。我问他："你掉队了，是不是因为很害怕，不敢往上走了，就变成爬了？"他大大的眼睛看了看我，点了点头。我又接着问他："想不想去四楼上课？"他的眼睛里还是有些恐惧，我又说："没事，有老师呢，我们一起上楼，和老师一起走，行吗？"他又朝我笑了笑，好像感谢我没有把他自己丢在教室里。我用我的胳膊挽着超会的胳膊一起上楼。这一节录像课试课很顺利。下课了，我把所有孩子安排好，我和付超会走在队伍的最后面，我又挽着他的胳膊一起下楼。

我知道，是阳光就照遍每个角落吧，在教学的路上要给每一个孩子尊严，一个也不能少。

一个也不能少（三）

最近两天，老天爷好像有些不开心，也可以理解是发怒了，把所有的委屈都用自己的眼泪来发泄。学校北边的小河上，临时用土填的临时桥，最近两天的大雨让小河喝足了水，半槽的河水浸泡得桥面裂了好几道的大缝，全校的师生这两天过桥都把心提到嗓子眼。每个人小心翼翼地踮着脚，过了桥中间又换成飞奔，一溜烟似的跑到桥的对面。

雨一直下，看不出要停下来休息的迹象。中午，孩子们冒着雨安全地过了这座土桥。放学后没有二十分钟，老师们也陆续地离开学校，这时桥面在发生质的变化，桥左边出现大缝，而且逐步变大，突然一团土块快速地滚到了河里，随之桥的北边和中间陷了下去，泥土和雨水混在一起变成泥水向下滑着，一点点地被河水吞没。慢慢地，一个大大的坑出现在桥面上。我们怎么办？几个老师在学校门口待了一会儿，下陷大坑不再变大，泥水下滑的速度渐渐慢了。我们想过河又担心，不过观察了一会儿，桥没有再次下陷。我们贴着桥的右边，眼睛斜着左边的大坑，这次把心提到头顶，快速地过桥。

回到家，半身的衣服已经湿了，还没有来得及换下来，手机里收到学校发来的一条短信："各位班主任，请通知本班的学生，由于学校的桥已成危桥，随时会坍陷，正在进行抢修，为了孩子的安全，下午不来上学了。"离下午上学时间还有一个半小时，我马上打开手机里存的家长号码信息，开始下通知。

"您好！亚楠的家长吗？学校北面的桥塌陷了，很危险，正在抢修，孩子下午放假半天。"

"好的。"

"问问亚楠认识建明家吗？我没有他家长的号码不能通知到。"

"知道的，老师放心，马上让孩子给他告诉去。"

"您好！张朵的家长吗？我是费老师，学校的桥塌了，下午放假半天，张朵能负责通知您小区的迎港、凯浩、丽妃这几个孩子吗？"

"没有问题。她都认识，马上去。"

"明晓的爷爷吗？您好！我是费老师，学校北边的小桥塌了，下午放假半天。"

电话那头传来了明晓爷爷的声音："知道了，谢谢了！"

……

在旁边吃中午饭的女儿催促我说："妈妈，先吃饭吧，饭都凉了。"我抬头看了看她，随口说："马上就要打完了，你先吃着。"我又拨通了另一个孩子家长的电话。

"您好！姚坤的家长吗？学校北面的桥塌了，下午学校放半天假，给孩子说一声。东旭家是不是也在您那个小区？"

"是的，离我家不远。姚坤有时去他家玩。"

"您就让孩子再跑一趟他家，给东旭说一声。谢谢！"

……

时钟上的指针一分一秒地不停歇，旁边的婆婆嗔怪着我："都快一点了，电话打了一个小时了，你看你身上的衣服都要干了。"我摸了摸下半身的衣服，说："我马上就通知完了。"打电话的手都有些麻了，换另一只手继续打，电话那头不断传来对方电话未接的铃声。

"您好！……"我不断地重复着，一个也不能少。

雨过天晴。学校北边的桥被抢修的压路机压得结结实实的。孩子们背着小书包走过桥，不再踮起脚尖，更没有慌张地跑过。

一个也不能少（四）

2009年11月11日，下了整整一夜的雪，整个大地变成了白色的童话世界。这天是所谓的"光棍节"。原本整天在别人面前炫耀我的抵抗力是怎样的强，好几年"感冒"这个词，与我已经不搭边了……可是，我从昨天就感觉不太对劲，脑子昏沉沉的，头上像顶了个冬瓜，于是晚上吃了点感冒药就当预防吧。今天早晨起来后就麻烦了，头重脚轻，整个身子就要飘起来了，发根好像有人在揪着似的。偏偏今天学校期中考试，学生还有最后一科没有考，除了安排学生考试外还得继续监考。幸亏家里的药箱里有药，吃完了药，告诉自己坚持一下。早晨起床后，家长的电话就打爆了，已经有九个学生发烧、咳嗽不能到学校上学了，看来这次我和学生一起感冒了，不会也和学生有心灵感应吧。

这是入冬的第二场雪，应该是大雪了，窗外雪花依然在空中飘飘洒洒，就像可爱的精灵为今天平添了几分难忘的色彩。

我匆匆地来到学校，走进教室里，看着班里的学生稀稀拉拉的，心里真有说不出的滋味。"同学们，最近感染流行性感冒的人太多了，你们一会儿要感觉不舒服，马上找我去，我在四班监考。"因为要去别的班级监考，所以我提前把话先交代给学生。

考试的铃声一遍又一遍的打破了雪天的宁静。每次监考不是什么好差事，10分钟、30分钟、60分钟……100分钟，我在四班的教室里也是艰难地熬着。

"老师，贺智趴在桌子上不对劲。""老师，好像张朵也发烧了，摸着她的额头很热……"我的脚还没有迈出考场就有学生跑出教室向我报告，我的心悬了起来，三步并作两步来到教室。

"感觉不舒服的，都先量上体温（因近来感冒多，每个孩子都自己准备了体温计），我给家长打电话通知。小龙你去我的办公桌下面拿消毒水，给教室进行消毒。发烧的孩子拿着凳子到隔壁办公室隔离，张明月负责烧上热水，大家都要多喝水……"我很庆幸现在头脑还比较清楚，把一连串的任务都交代出去。

教室里几个调皮的孩子还在蛮有兴趣地说着什么，唉，他们毕竟是十一、二岁的孩子，此时哪里懂得大人的心呀。我在教室里踱来踱去，电话不离手，等待着家长。

我的头有些晕，浑身感觉更难受了，身子真想倒下去，好好歇一歇，坐在教室的凳子上，拿出自己准备的体温计量一量。

我朝着学生调侃着："我的体温计要爆表了，39度2，我和你们同甘没有几回，今天是共患难了。"

有七名家长陆续地接孩子走了，看着一又一个发烧的孩子被家长接走，我心里感到轻松多了。"路上要小心，孩子烧得太高了，需要打退烧针，更要多喝水。"我嘱咐着每个来接孩子的家长。

我又一次给上级领导打电话汇报我班孩子的情况。终于接到学校通知"赶快放假，不能再传染了！"听到这个消息，我为那些在班上的学生而高兴，与其在这里受罪，不如分散开回家。

我起身快速地走进办公室，翻开黑色的软皮家长通讯簿，挨个打电话通知班上所有孩子的家长提前到学校接孩子，打通一个电话就用红色的圆珠笔做上记号，一竖排的红色记号呈现在我的通讯簿上，不断地增多。

"许炎，你妈妈打电话说在路上呢，马上就到了。"教室里只有他还在等家长来接，我把最后一个学生安排好后拖着疲惫的身体走进门诊室。

"你不要命了，烧得太高了，估计输完液后都一时退不了！输上液后，我再给你打一针退烧针。"医生一边准备大瓶的液体一边训斥我。我努力地抬着眼皮，看着一滴一滴的白色药水流进我的血管，我用另一只手在兜里掏出手机，"你好，许炎接走了吗？"电话那头传来了"接到了，已经到家了。"一个也不能少，现在我得好好地睡一觉了。

时间到了下午，三瓶液体输完后，我回到家里仍然没有出汗，那就意味着还没有退烧，又请医生来我家打了一针退烧针。半个小时过去了，一个小时过去了，两个小时过去了，两次退烧针没有起到多大的作用，还是没有出汗。我想还是喝些姜水和红糖水发发汗。我一边想一边烧水准备着。

一大碗姜糖水下肚，又一大碗下肚，再来一碗，《水浒传》里景阳冈的酒店幌子上写着"三碗不过冈"，我也喝了三大碗，跑到床上，盖上厚厚的被子，乖乖地等着汗液的降临……

7点30分，这是一天中最难忘的时刻，我摸着额头上沁出的毛毛小汗，浑身轻松了好多，终于退烧了。

吃饱了晚饭，我再次躺在床上，又拿出手机，"你好，我是费老师，杨四维怎么样了？一定多喝水。""张朵退烧了吗？可要观察着。"……

我迅速地翻着上午手机上留下的电话记录，给每一个生病的孩子带去我的问候，一个也不能少……

幸福泡泡

入冬以来，班上感冒的孩子们越来越多，教室里的咳嗽声此起彼伏，一个咳嗽完，那个又接上，随后又一个咳起来，教室里立刻就变成了咳嗽奏鸣曲，有时即使你没有感冒，也被"传染"得嗓子眼里发痒。

阳光透过四楼的窗子，教室后面显得格外亮堂。教室前面的窗户外是几棵高大的杨树，大杨树的枝叶被阳光照在玻璃上，影子斑斑驳驳。一阵风吹过，杨树的枝条摇摆着，影子在窗户上跳着舞。中午即将到来，我们都陆续地放学了。看着孩子们离开学校的背影，我还在想怎样给班级消消毒。

中午吃饱了饭，我就骑上自行车到商店里买来醋和84消毒液。回到家，我又把家里烧水的小电壶和电源装在袋子里，消毒的工具都准备妥当。

下午，我早早地来到教室，孩子还没有来几个，他们凑一起聊着天，几个人两个小时不见像是如隔三秋。我安排力气大的晓宇和国振去洗手间打水。我拿拖布跟随着他们一起把拖布涮干净。我把水管的开关拧到最大，水流使劲地冲击着拖布上的布。他俩很是疑惑，晓宇问："老师，今天中午打这么多水干什么，也不是晚上放学做值日？""一会儿就知道了。"

我们一起走进教室，孩子们来的差不多了，我给孩子们布置好中午自习作业，然后把袋子里的消毒液拿出来，打开盖子倒进了大桶里。白色的消毒液在水桶里迅速扩展开来，一股消毒水的味道弥漫了整个教室，又向更远的地方扩散。孩子们有的捂上口鼻，有的小声地嘟囔着："这味真难闻。"我顾不得气味的刺激，利落地把干净的拖布放在桶里，让拖布都浸泡在消毒水中。我上下抬动着拖布，水里泛起了小小的泡泡，我带上橡胶手套，拧了拧。用拖布把教室里桌子之间的过道都擦了一遍。一片片的湿地映着我的影子，孩子们也适应了教室里的味道，安静地写着字。

地很快干了。我又拿着电壶和醋走到教室后面的插座旁，搬来一张在教室角落里不用的桌子，插好电源，拆开一袋子醋，倒进了电壶里。不一会儿教室里的味道又变成了醋香。我站在电壶的旁边提醒着孩子的书写姿势，这时壶里的醋突然变成了一堆泡沫溢了出来，我快速地拔下电源。看来醋太多了，只得留约一寸深度的醋，我再把电壶放在底座上，重新开始烧。由于醋放得少，重量不够，电壶在底座上根本无法工作，电源不能接通。我琢磨着：醋放多了，容易溢出来，放少了，底座不通电。怎么办？只好这么办。

壶里的醋依然是少的，我的手扶在壶的把手上，电源接通了。瞬间的功夫，醋发出了嗞啦啦的响声。壶里的醋开始冒起了泡泡，一个接一个的翻腾着上来，鼓得大大的，啪——又炸开。有几个孩子回头看看我，我朝他们笑笑，用另一只手在空中做着写字的样子，示意让他们接着写作业。

扶着壶的手有些酸，我又换了另一只手。就这样倒来倒去快一节课。一袋子醋慢慢变成了泡泡了，蒸发到空中。李琳把作业提前写完了，走到我身边说："老师，您忙了都快一节课了，辛苦了！"说完，她看了看壶里冒出来的醋泡泡，想了想说："老师，我给这些泡泡起个名字就叫幸福泡泡。"

泡泡是幸福的，你们是幸福的，老师也是幸福的。

两只喜鹊

天气刚刚温暖起来，一切都是崭新的。一棵棵高大的杨树正在伸展着自己的身体，准备着迎接春天的到来，它们的叶子也在准备着和大地相约。在我们教室的窗外不远处的大杨树上不知道哪天飞来了一只大喜鹊，黑黑的身子，翼肩有一块大白斑，拖着一条大尾巴，像一个穿着燕尾服的绅士。它在树枝间飞来飞去，时不时还传来阵阵清脆的鸟叫声。

一天，不知道哪个孩子突然对我说："老师，您看杨树的树丫上有好多横七竖八的树枝。那是大喜鹊在做窝呢。"这句话引起了全班同学的好奇，包括我。果然，杨树的主干上长有三根粗粗的枝干，枝干组成的三角里有半堆树枝，喜鹊的窝刚搭了一半。第一次近距离看到喜鹊搭窝，引起了我们围观。无论在上课或下课的时候，只要有鸟叫，他们都会向外瞧一瞧。我发现这件事影响到了孩子们正常上课，"我提议，大家拿来望远镜，我们只要有时间就用望远镜观察喜鹊怎样做窝吧，但是上课的时候必须专心。"孩子们很开心，家里有望远镜的都拿来去观察喜鹊搭窝的过程，当然也包括我。鸟窝由一根根树枝规则地搭建在一起，每根树枝与其他树枝相互交叉组成稳定的三角形。如果把望远镜再调一调焦距，你还会发现鸟窝里还会有些干草和软软的羽毛，这时你会惊讶于鸟类真是顶级的建筑大师。

后来，这只喜鹊又引来了另一只喜鹊，我想是这只喜鹊的勤快或者是有自身的魅力，吸引了另一只喜鹊。两只喜鹊一起组建成自己的家。大喜鹊又衔来一根长长的枝条，边飞边放在大窝上，很遗憾因为没有测量好具体距离，枝条在大窝上滑落下来，顺着高高的树干像是笔直的标枪直向地面。看到这里，我的心也随着枝条落了下来。喜鹊会不会飞下来找到落下去的枝条再接着衔上去呢？我抬头望了望那棵大杨树，枝头上的大喜鹊早飞走了，天空的远处留下了一个黑影。

杨树的叶子从小嫩叶长成了铜钱大小了，喜鹊做的窝越来越大。黄昏的霞光染红了半边天。在不远处，喜鹊的叫声听起来很是急促，不是那种平时的清脆声。放学的孩子们和我在窗下找寻。大杨树底下有几座平房，在一座平房的屋脊上一只喜鹊蹦来蹦去，叫了几声，脚又使劲一蹬，展开双翅飞向另一座房子的屋脊上，又叫了几声，像在呼唤又像在诉说。我给几个孩子说："应该是一只喜鹊还没有回来，在家的喜鹊担心了。"夜晚，星星依旧在闪烁，我还记挂着两只喜鹊是不是依旧依偎在一起入梦。

第二天清晨，教室窗外的大杨树上传来了一阵阵叫声"喳——喳——"。一只喜鹊飞了起来，窝里也传来了另一只喜鹊的叫声，回应着"喳——喳——"。

几场夏雨过后，杨树的叶子是那样的绿，绿得发亮，手掌大的杨树叶渐渐挡住了那个大窝，我们用望远镜也看不到里面的样子了。窝里的情景变得神秘起来。

偶尔看到窝里飞出一只喜鹊。它们穿过杨树长长的枝条依旧忙碌着。再后来我们听到了鸟巢里啾啾的小鸟叫声。"风暖鸟声碎，日高花影重。"喜鹊宝宝出生了。

圣诞节的礼物

西方的圣诞节不知道什么时候在中国流行起来了。连我们这座小城的人们也在过圣诞节。每年班里好多孩子都会准备好苹果，在圣诞前夜送给我，也就是过平安夜，苹果寓意着"平安"。我不知道在西方平安夜和圣诞节的由来，只能胡乱地比较一下：平安夜就像我们除夕那晚的守岁，圣诞节就是和我们的春节相仿了。我们的春节传统点的人家会在大门上贴个对联、福字，西方圣诞节是大人和小孩都欢迎的一个赶着麋鹿雪橇的白胡子老爷爷给孩子们送来新年礼物。

今年的圣诞节和往年一样不约而至，孩子们又早早地准备好了苹果了。前脚还没有跨进教室，孩子们就会拿出自己精心准备的苹果围过来，举得高高的。有的外面包着精美的盒子，有的是几层的各种亮眼的包装纸，更有省事的是直接给你一个亲自挑选的大红苹果。各种各样的，来不及去想，更来不及去看，只知道无论怎样的都是祝福。

我把所有的苹果装在一个大袋子里，有一个孩子走向前，一脸"愁容"地说："老师，你收这么多的苹果得吃多少天呀？"，我朝她笑着说："一天一个，怎么样？"

回到办公室，发现在办公桌上早就有几个装着苹果的漂亮盒子静静地躺在桌子上，等着去欣赏。有的盒子里装着一个小纸条，在纸条上孩子会写上祝福，写上名字。有的盒子里只留着一个又大又圆的苹果。不由自主地想：不管是谁的祝福都收下了。

邱老师和我在办公室里说着今天的天气不是很冷。我把几个苹果分给她，和她一起分享着孩子们的祝福。我又批阅起作业来。一节课的时间批阅完了。看着眼前的"祝福"，我想，当你拥有祝福的时候，不如把祝福传递出去，让更多的人得到，班上六十多个孩子呢。我把想法给邱老师说了。她说："把苹果切开，这样不就多了吗？"我茅塞顿开，真是好办法。

从学校厨房借来一个大盆子，邱老师烧好热水，从水房里打来一桶凉水。把所有的苹果放在水盆里，在兑好的水里洗了洗，每个苹果都用水浸泡，又用手使劲地把苹果洗干净。我重复着这个动作，把苹果洗了两遍。洗干净的苹果整齐地摆在办公桌上。阳光透过办公室的窗户照在这片"苹果园"里，红红的，亮亮的。

我和邱老师轮流把这些可爱的苹果用刀子切开，切开的苹果露出了带着汁液的浅黄色的果肉，闻起来甜甜的，香香的，就这样一个大祝福分身成了几个小祝福。一节课的时间过得很快，大盆子都装不下了，后来只能往上面叠加，最后像一座小山，我给它起了个名字叫"祝福山"。

下节课就是我的了。我端着一大盆"祝福山"跟随着上课的铃声走进教室，教室里传出来一片惊讶的声音，我把苹果放在讲桌上，坐在第一排的赵洪宇眼睛亮了，嘴唇动了动。我又提了一个享受苹果的要求：先去洗手间排队洗手才有资格吃。孩子们洗完手坐在座位上，此时此景，不用我解释，他们都等待着幸福的时刻到来，我找好分苹果的孩子，将苹果分到每个孩子手中，保证每个孩子都有份。很多孩子把分到的苹果放在手心里，先是看一看，再是闻一闻，都有点舍不得吃。而后，教室里传来了牙齿碰撞苹果的声音，也是咀嚼"祝福"的声音，他们把"祝福"吃到了肚子里，随着血液传遍全身。

我为草地做美容

春天的一缕缕阳光，把绿色的草地照得更加鲜亮，在这片草地上留下了我们美好的回忆。我走在上班的路上，欣赏着路边的风景，眼前总是浮现出那天的情景。

春风拂过大地，万物复苏。我们学校离我家只有十几分钟的路程，每天我都是走着上班，沿途是一条人工河，河两旁的景色虽不能堪称风景，但是也能走入我这个内心有风景的人的心里。几场春雨过后，一棵棵柳枝伸展着婀娜的舞姿，长长的柳条抽出鹅黄的叶子，露出了一排排尖尖的小脑袋，柳树脚底下的小草也不甘示弱，在枯黄的干草里努力地钻了出来，更显得娇嫩了。

不知道是什么原因，什么时候，春风就像调皮的孩子，把好多的垃圾不小心遗留在草地上，各种各样的纸、各种颜色的塑料袋，还有人们丢弃的各种东西，这些影响了我，还有过路人的心情，我无心抬头欣赏，只能匆匆走过。

三天过去了，一个星期过去了，对我这样的人来说这种日子很是煎熬。这天下午恰是自习。我给孩子们提议带他们去做一件有意义的事。孩子们很是好奇，也很激动。

我们排着整齐的队伍向离学校不远的小河边出发了。远远的那片绿绿的草地就呈现在我们面前，各种各样的垃圾也渐渐进入了我们的视野。大家看到了满地的垃圾，眉头紧蹙，我给孩子们讲明了我的用意——"我为草地做美容"。孩子们一听就明白了，自行分好了组，开始行动起来了。

孩子们在草地上找到大一点的塑料袋，来装草地上捡拾的垃圾。男孩子们跑到更远的地方去捡拾。大家弯下腰，不放过草地上的任何影响小草模样的垃圾，不一会儿，大大的塑料袋就装满了。跑步冠军吴小龙就会拿着垃圾袋跑到路旁，倒进垃圾桶里，又快速地跑回来。每个小组来来回回，大家都比赛谁把草地打扮得更漂亮一些。"你看这个你没有发现吧。"晓璇同学在脚下发现了半个花生壳，用两个手指像筷子一样夹起来，轻轻地放在手心里给春苗炫耀着。"我这里还有这个呢！你戴着眼镜都没有发现吧。"春苗把手心里攥着的一片干枯的小叶子给晓璇看了看说。她们笑着向更远处走去。

"大家快来看，这是什么花？"大家听了快速地跑向几株在草地里开着小黄花的枝条旁边，我也听到喊声走了过去。"这种黄色在调色板上也难调，里面的花蕊还带着香味呢！"

"我们数一数有多少花蕊……"

"我们给她起个名字就叫黄色仙子，真漂亮！"

"哈哈哈，你起的名字太俗了……"

"一片绿色的草地上长着这样一株黄色的花，像不像一个成语'绿衣黄里'？"

"那我们就叫这片草地'绿衣黄里'了。"

转眼间，你会发现，春天的一缕缕阳光把绿色的草地照得更加鲜亮。

我走在上班的路上欣赏着沿途的风景，几个人在草地上拍照，我的脚步慢了下来，我看到了那片绿绿的草地上开着的黄色小花，我嘴里念叨着"绿衣黄里"，不知道这片草地喜欢不喜欢我们给她起的名字？

两个"铁球"同时着地

500 年前，只有 25 岁的比萨大学数学教授伽利略邀请比萨的一些学者和大学生来到比萨斜塔下面。在人们的嘲讽和猜疑中，他和他的助手登上斜塔，让一个重十磅和一个重一磅的铁球，同时由塔上自由落下来，轻的铁球和重的铁球几乎同时落地。伽利略的试验，动摇了亚里士多德在物理学中长期占统治地位的臆断，在世界引起极大的震动。伽利略的这个故事写入到我们小学语文教材里已有几十年了，我小的时候也学过这篇课文，被伽利略的精神所感动。

当我和孩子们把伽利略的故事学完后，那么真的是这样吗？其实这个疑问在我小时候就在大脑中打了一个大大的问号，现在的孩子们同样没有见过，我也决定要做这个试验，证明一下，同时也让孩子们有亲身的体验。

先是准备实验"器材"：没有"两个铁球"怎么办？找相同物体，"两个装满水的大瓶和小瓶"也是符合试验要求的。我在超市里买来一大桶饮料，一顿是喝不完的，干脆全部倒掉，还有一同购买的小瓶矿泉水。我把塑料瓶清洗干净，灌上满满的水，水满得已经到了瓶盖上了。为了保证"内容"一样，我把小瓶里的矿泉水也换成了和大瓶子的水一样的自来水，这样实验的材料就齐备了。没有比萨斜塔，就去学校高高的四楼，高度也是有的。万事俱备，只差围观的孩子们了。

我把我的想法告诉了班里的孩子们，因为刚刚学完这一课，他们欢呼里带着期待，期待奇迹的到来。我把班里的孩子安排在教学楼下，为了孩子们的安全，让他们离教学楼有一定的距离。我拿着准备好的两个瓶子，在四楼选好的位置上往下看了看，看着楼下抬着的一个个小脑袋，他们已经站在观看两个"铁球"同时落地的最佳位置了。楼底下的孩子们看到楼上的我，都向我挥着手，我也挥了挥手朝着他们大声喊："你们能看到我吗？""能——"远处的回声告诉我，这个试验马上就要开始了。

我把四楼的窗户打开，两只手紧紧地抓住瓶子盖，整个胳膊伸到窗外，使两个瓶子在半空中保证同一个水平线上。大家可以想象我当时的心情不亚于当年的伽利略，"三——二——一！"我大声地喊着，孩子们也跟着我喊了起来。远处的回声又回荡着回来了。瓶子就像两个跳水运动员自由落下，孩子的头和眼睛随着瓶子的运动直线也跟着自由低下。啪——两个瓶子几乎同时着地，瓶体撞击着硬硬的地面，飞溅的水花又画了一个弧线喷洒在地面上。"哇——"孩子们欢呼起来，不约而同地鼓起掌来，虽然他们已经提前知道结果，但是亲眼看到景象后依然互相传告："是真的，真是一起落地的。"好多孩子双手合拢，放在嘴边，抬起头看着还在四楼的我，大声地喊："老师，真的是同时落地，试验成功了！"远处的回声中又传来了"试验成功了！"

我无法把孩子们引入科学的殿堂，但我希望能够激发他们对科学的热爱，正如伽利略所说：一切推理都必须从观察与实验中得来。

文具回家

所有幸福的家庭都十分相似，而每个不幸的家庭各有各自的不幸。孩子们使用的文具也是如此。有的孩子把文具整齐地摆放在文具盒里，让所有的文具团聚在一起，享受着家的温暖，每天过着幸福的生活。而有的孩子就像一年级一篇课文《文具的家》里的主人公贝贝一样，自己的课桌桌面上所有的铅笔、橡皮、尺子横七竖八地躺在上面，整个桌面就是一个文具战场。铅笔，只用了一次，不知丢到哪儿去了。橡皮，只擦了一回，再擦，就找不着了。好多孩子和贝贝一样，一回到家就跟妈妈再要新的铅笔、新的橡皮。妈妈很是疑惑，为什么总是丢，而孩子们还是找不到丢失的原因。

其实我也很疑惑。我上课的时候，一低头发现一支长长的铅笔躺在地上，孤零零的，就像一个失去妈妈的孩子一样。我弯下腰，用手捡起来，把这支铅笔举得高高地问："大家看看，这是谁的铅笔呀？"孩子们都抬起头，看了看我，然后摇摇头，这个说："不是我的。"那个也说："不是我的。"这支铅笔在我们班发现的，能是谁的呢？不可能是从隔壁班穿墙飞过来的吧。这种戏剧在班级不知道上演了多少次，最前面讲桌底下装着满满文具的大塑料袋子就证明了。那里面装满了长的、短的、各种颜色的铅笔，更有大的、小的，还有的带有卡通的橡皮，直尺、三角板、量角器、转笔刀应有尽有，这些东西都能开个文具店了。

当我教学到贝贝妈妈劝导贝贝时："你有一个家，每天放学后，你都平平安安地回家。你要想想办法，让你的铅笔、橡皮和转笔刀，也有自己的家。"孩子们静静地听着，就像文章里的贝贝一样，知道了文具们的想法。我又问孩子们："你们有家，文具也有家，看看自己桌子上的文具，他们会怎样呢？"孙悦峰接着我的话说："很孤独。"关忻成举起手来说出了自己的想法："他们也想有一个温暖的家。"我随手在一个孩子的桌子上拿起一支铅笔说："大家猜猜，这支铅笔在说什么？"

"小主人，我想回家。"

"小主人，文具盒是我的家，不要把我乱丢。"

"你们有家，我也想回家，我要回家。"

……

孩子们你一言我一语，走进了文具的内心世界。

文章里的贝贝发生了变化，班级的孩子们也潜移默化地发生了变化。趁热打铁，我又问道："看看自己桌子上的文具，我们现在应该怎么做？"孩子们兴奋地大声告诉我："我们也送文具回家！"孩子们都认真地整理起自己的文具：铅笔长的和长的在一起，短的和短的在一起。橡皮也高兴地回家了，尺子也高兴地回家了。桌面上变得干干净净。大家把文具盒放在桌子的一个角上，你现在就能想象到文具盒里的文具有多幸福，终于又相聚在一起了。

我走到讲台上，把讲桌底下那一大袋子的文具搬上了讲桌："这些文具在这里待了好长时间了，我们也让这些文具回家吧！"说完把一袋子文具倾倒在讲桌上，满满的文具跑了出来。我让每个小组出一个学生代表，给自己的组员分发文具，喜欢把谁带回家就带回家。就这样，不一会儿，一堆文具都找到了自己的家了。下课的铃声就要响起来了，我们教室里传来了《文具的家》这篇课文的朗读声。

孩子们的文具静静地躺在文具盒里等着主人随时派遣。有的孩子有时忘记了，几支铅笔散落在桌面上，我会走到他跟前，拿起他的铅笔说："铅笔哭了，想回家。"我刚刚转身，铅笔立马就回到了他的家。这时幸福来得很突然。

和孩子们一起找秋天

又是一年秋。秋天的脚步是轻轻的，在不经意间就会发现树上的叶子已经慢慢地变黄。虽然它轻轻的，还是一不小心在我们学校留下了踪迹。每年秋天，我都会和孩子们一起在校园里找秋天，今年，也不例外，因为秋姑娘留下的样子每年都有不同的美。

校园的秋天是黄色的。我们一起相约法国梧桐树下。孩子们的头抬得高高的，欣赏着梧桐树的叶子，整个树冠上一片片黄叶子里掺杂着不太精神的绿叶子，有的绿叶子边缘已经变黄，正向中间蚕食；有的叶子上有斑驳的黄点。我在树上摘下一片叶子，孩子们围着我，我把叶子举得高高的，让每个孩子都能看到，"大家看一看，它的样子像什么？"一个孩子大声地回答："老师，像我们的手掌。"孩子们听到后马上伸出小手，再看看梧桐树的叶子，他们把小手都举起来，就像刚刚新栽的小梧桐树。一阵阵秋风掠过树梢，整个梧桐树的树冠晃动了起来，黄色的叶子悠然地飘落下来，孩子们跑着、追着，去找自己喜欢的那片树叶。当我再次看到他们的时候，每个人的手里都攥着一把树叶，我很奇怪，问一个孩子为什么捡这么多的树叶，他很神秘地告诉我："回到教室做标本，要把秋天留下。"

秋天的校园是红色的。栾树的黄花刚刚谢完，就有了果实。栾树的果实是红色的，这种红不是耀眼的大红大紫，是不深不浅的红，一种恰到好处而又赏心悦目的红，他们宛如一盏盏小小的三角形的灯笼簇拥在一起，高高地挂在枝头。此时，你如果向远处看，树梢上的果实就像一团火，但比火还要鲜艳，还要壮观。我们驻足欣赏着大自然的杰作，突然发现脚底有零星的黑色种子，孩子们很好奇，又都弯下腰去捡拾，小小的种子就像巧克力豆，放在手心里滚来滚去，这是栾树留给秋天的礼物。

校园的果实是有味道的。我们在学校教学楼的东面墙边发现了一棵石榴树，树上的果实不算多，都能数得过来。他们身穿红中带黄、黄中带绿的外衣，一个个石榴见到我们并没有裂开嘴笑，我们更不知道它肚子里的情况，只能取下一个石榴想象了。"这个石榴是酸的还是甜的？""酸的！""甜的！"大家争着猜测着。

回到办公室后我把这个石榴轻轻地剥开，里面是一排排整齐的红色的颗粒，再一看，又宛如一颗颗晶莹剔透的红宝石。我把这些一颗一颗的红宝石取下来，酸的还是甜的？我没有品尝，我会有答案的。我把它们放在一张干净的纸上包了起来。

来到教室，打开纸包，给正在写作业的孩子们说："我们一起品尝秋天的味道。每个人都有份的。"他们静静地等待，其实是迫不及待。放在第一个孩子的嘴里，他的嘴砸吧砸吧几下，眉头皱了起来，嘴巴咧到了耳边了。你就不用再去猜石榴的味道了。

校园的秋天是美的，每年有每年的美。世界上并不缺少美，而是缺少发现美的眼睛。

菜园里

几年前的语文课上我和孩子们一起走进菜园里，感受到大自然赠予人类的礼物。孩子们边拍手边朗读这首儿歌《菜园里》，"豆角青青细又长，黄瓜身穿绿衣裳。茄子高高打灯笼，萝卜地下捉迷藏。辣椒长个尖尖嘴，南瓜越老皮越黄。红绿黄紫真好看，菜园一片好风光。"

《菜园里》描述了几种人们日常熟悉的蔬菜，是一篇与生活联系紧密的课文。生活是教学的源泉，更是学生认识世界的重要途径。课文只提供了一张菜园的图片，孩子只能通过图片感知蔬菜的特点，我深深地意识到，只有老师们创造性的教，才会给孩子的学习以极大的动力。我从生活实际出发，抓住教材的特点，和生活紧紧联系在一起。我给孩子们布置了一个任务，明天把你喜欢吃的蔬菜带到学校来，并用纸条写上蔬菜的名字。

第二天，语文课开始了，我走进教室，教室变成了菜市场。每个孩子的面前都摆着一堆的蔬菜。"大家都把菜园里的菜搬到教室里来了。你们和你小组的同学都互相认一认，看谁认的多。"孩子们四人小组，把自己拿的蔬菜都摆在桌子上，每一种蔬菜上都用纸条写上了蔬菜的名字。每个孩子都拿着自己的菜给另一个孩子读出来："黄瓜""南瓜""白菜"……而后，又去考一考刚才读的蔬菜叫什么名字，就这样的实物教学法，让孩子们在热闹中认识了好多字。

识字教学对低年级来说是语文教学中最基本、最重要的一项任务，儿歌中每种蔬菜的特点更是作者的写作亮点。我随手拿起一根黄瓜对孩子们说："大家好！我的名字叫黄瓜，我是绿绿的。"我又拿起一根豆角，孩子们接着说："大家好！我的名字叫豆角，我是细细的。"我拿起一个小辣椒，孩子们接着说："大家好！我的名字叫辣椒，我是尖尖的。"……每个孩子变成了各种各样的蔬菜，介绍自己的特点，大大提高了他们的学习兴趣，孩子们在快乐中学习，在快乐中成长。

我们又开始朗读儿歌了。和孩子们一起朗读儿歌也是一件快乐的事情。我在前面引读，孩子们接读。我读完"豆角"孩子们马上接上"细又长"，拿豆角的孩子们在座位上站了起来，手里拿着豆角，展示给全班孩子们，感受豆角的特点。我又读到"茄子"，孩子们接着读，怎样表现"茄子高高挂灯笼"呢？孩子们的想象力是丰富的，他们把胳膊当作灯笼架，拇指和食指夹着茄子，一个个茄子又像小灯笼一样了。"萝卜地下捉迷藏"更有趣了，一根根萝卜在桌面上不见了，调皮得都跑到了桌子底下和我玩起了捉迷藏。

一节课的时间过得很快，我和孩子们的朗读声仍在教室里回荡"红绿黄紫真好看，菜园一片好风光。"

人生需求拍卖会

一天，在办公室里，我和我们课题组的赵林娜老师一起讨论如何上好一节作文课，其中有一节作文课是"人生需求拍卖会"，很适合孩子们。现在的孩子们有哪些需求呢？上课前我给班上的孩子们在 A4 纸写下了这样几个需求："考试永远考第一""拥有很多知心的朋友""家人永远健康、长寿""拥有全世界的财富""长得最帅""写一手好字"，每个需求都很醒目。

上课的铃声响了起来，我带着准备好的拍品走进教室，然后把每张纸张横着贴在黑板上，从黑板的南面贴到北面。每贴一张，孩子们跟着念一张，贴完了就念完了，神秘面纱等着我去揭晓。"大家每人准备十张大的纸条，每张纸条上写上 1000 元。"孩子们听到我的要求后，马上行动起来，一会儿的功夫就准备妥了，静静地等待我揭秘。我说着自己这次作文的开场："每个人在人生路上有很多需求，如果现在你想想自己有什么需求，你也会有很多。我们这次作文的主题是'人生需求拍卖会'，我们黑板上的几个需求一定有你渴望的，我们起拍最低 2000 元，最高为一万元，每个人只有一次机会。如果你和你的伙伴都想拍，也出了最高价，我们给你机会，把你的理由说给大家听，真的打动了我们，需求马上就会落到你家。给你三分钟的考虑。"孩子们听着我的拍卖要求，自己在心中早就打下了主意。教室里有些小骚动，看来都等不及了。

我看了看跃跃欲试的孩子们，举着黑板擦，其实这时的黑板擦变成了拍卖槌了，开始拍卖第一个需求：考试永远考第一，"2000 元起拍"我大声地喊着，眼睛在孩子们中间找寻，怎么一个也没有呢？看来在孩子心里考试第几都无所谓，不在乎考试成绩呀，故意拖延了一分钟，我又接着说"2000 元有没有人竞拍？"，这时，天毅突然站了起来，说："老师，我竞拍。"周围的孩子们看到站起来的天毅眼睛流露的不是羡慕，反而有些鄙视，对他有意见，孩子们认为上学不能只看成绩。"说出你的理由。"带着黑边眼镜的他看了看我，又看了看周围的孩子说："我父母也是一个老师，他们是开辅导班的，每天给别人家的孩子辅导功课，有时晚上九点了还有的孩子作业完成不了，陪着他们，给他们讲题，很辛苦！我想我努力了，不再让父母辅导我，这样就减轻了他们的负担了，我想用我的成绩来报答父母。"大家听完了天毅的阐述，情不自禁地鼓起掌来，消除了对他的误会。我也被孩子的孝心打动。天毅走上黑板把这个属于他的需求带回座位。

"家人永远健康、长寿"是孩子们竞争最激烈的。从 2000 元的低价一路飙升到一万元，好多孩子下了一万元最大的拍价。最后就是阐述理由了，让大家再选最应该得到这个需求的买主。佳津说出了妈妈的身体不太好，希望妈妈有一个健康的身体。我听了佳津的理由后，感觉她变化很大。佳津是我们班的转学生，一直跟着河北老家的奶奶生活，来到德州后，一开始和妈妈有些隔阂，总是和妈妈作对，今天为妈妈竞拍，真是为佳津的改变而高兴。鑫楠的手举得很高，看得出也非常想得到，他站了起来，低着头，声音很低："今年暑假，疼爱我的奶奶去世了，奶奶去世很突然。"声音变得哽咽，"我很想念她，有时梦里都梦到她的样子，可是我再也不能见到我奶奶了，我特别想竞拍到家人永远健康、长寿。"说到这里，他哭了起来，我的眼泪也开了阀门似的流了下来，教室有的孩子也跟着哭了起来。我能体会到现在鑫楠内心的渴求。最后这件拍品被鑫楠珍藏。

为了缓解气氛，我又拍卖"长得最帅"，这个很快就拍完，被想长得帅的兆瑞拍走了。"拥有很多知心朋友"三个孩子竞争：泽宇、福泽还有子涵。"我认为他们两个更需要这个拍品，但是我想要的朋友是知心的，这个是关键词，这个意思是愿意对我敞开心扉的真心朋友，而不是虚假的，另有企图的，我的朋友不少，但是他们对于知心朋友还是差一步。"子涵给孩子们诠释着她对"知心"的理解。这件需求自然花落她家。

最后一件是"拥有全世界的财富"，博轩把眼睛眯缝着，大声地对我说："老师，您就别说底价了，我们直接出一万。"对于这个拍品大家就像猛兽见到了猎物一样，真是垂涎已久了，这次都没有起价了，直接飞到一万，大多数孩子们手中的都是一万。每个孩子都不甘示弱纷纷表达自己的观点。我先给平时不爱表达的浩瀚机会："老师，我要买武器。"他说话声音很小但是很有力量，"我们国家相对来说还是不够发达，每年也有很多科研人员研究，但是我们还需要更高级的武器来保护国家。让国家更强大，就没有其他国家来欺负我们了。"一个不善于表达的孩子，竟有这样的爱国思想。孩子们都为浩瀚送去掌声。他的同桌小凡是一个热爱读书的孩子，她接着陈述自己竞拍的理由："我想起了我曾读过的一本书，这本书收录了世界贫困人群的生活状况和平均寿命，了解书的内容后，对比书中的人，我们的生活太幸福了！有的人嫌弃自己穿旧衣服，而他们根本没有衣服可穿；有的人说餐桌上的饭菜不好吃，而他们只能和饥饿相伴；有的人不尊重自己的父母，而他们渴求亲人的关怀……"孩子们跟随着小凡的想法，体会到世界上还有些地方很贫穷，需要改变现状。大家被浩瀚和小凡深深地感动，一致赞同他们共同拥有这个拍品。

拍卖会结束了。孩子们动笔写下了自己的感受，子涵在自己文章的最后结尾这样写道："珍惜眼前的一切，让自己不再遗憾今天！人生需求拍卖会让我懂得了许多，这是我成长路上的一处重要的加油站。"

人生很短暂，且行且珍惜。

我们要去帮助他

我们学校每年元旦都会组织跳蚤市场活动。这天整个学校的楼道成了大市场，对于孩子来说就是"买"和"卖"，好不热闹。每年活动结束后，孩子们就会围着我炫耀自己今年的所得。"老师，今天我买了好多书。""老师，这个乐高卖给我两块，我给他打的价。""老师，我转了好几圈买的，买东西就得货比三家。"这是买的孩子，更有卖东西的孩子也来炫耀，"老师，我今天卖的不少，比去年多。""我把去年在跳蚤市场上买的东西，今年全低价抛出了。"还有的孩子在兜里掏出一把零钱，在你眼前晃一晃，马上就放回去，说："这是我赚的。"如此情景年年上演。最后一年的跳蚤市场是最令人难忘的。

在跳蚤市场来临前，我们班的班委开主题班会讨论怎样才能让今年的活动过得更有意义。我们班以"我们要去帮助他"为本次活动的主题，大家一致同意用跳蚤市场赚来的钱帮助我们班一直家庭困难的小薛同学。小薛同学的妈妈是一个脑瘤患者，做过开颅手术。妈妈是一个清洁工人，爸爸也没有固定的工作，疾病让这个本来不富裕的家庭更是雪上加霜。在刚刚教这个班的时候，我曾了解到他的家庭情况，每年的学校困难学生资助金发放都有他，虽然说是微不足道的，但是也能让整个家庭感受到社会送去的温暖。在学习上我也是经常帮助他，班级的孩子们也是经常在学习和生活上照顾他。

跳蚤市场开始了！班上的孩子们今年要卖的东西真多，有的孩子拿来了两大袋子。他们把自己的桌子当成了货架，都整齐地"一"字摆放到楼道里，班委特意做了一张手绘的特别亮眼的跳蚤市场海报"小爱心　大梦想"张贴在我们的门前。

没有多长时间，楼道里开始热闹起来，为了吸引这些小顾客，班级门口马上响起了叫卖声："看一看，瞧一瞧了，这是我最喜欢看的书，低价卖出了。""走过路过，不要错过，过了这个村就没有这个店了，想买就早一点下手""便宜了，便宜了，大甩卖了！听好，是大甩卖！"……甚至有的孩子站在凳子上，手里拿着自己的卖品，大声地吆喝，此起彼伏。各年级的孩子们陆续地来到了我们班的门前，有的孩子被吸引住了，驻足讨价还价；有的孩子东张西望，看看这个，瞧瞧那个；有的孩子手里攥着零钱没有要买的意思，还有的随着班级的队伍一直往前走，好像是在没有目的的逛商场。整个楼道来了一拨又走了一拨，走了一拨又来了一拨。

大家收摊了，楼道里安静下来。教室里又开始热闹起来了。大家把钱都摆在桌子上，数着自己手里的钱。付立帅把整理好的钱给我看了看说："老师，我这里有三十多了。"苑忠艺把兜里没有花的钱掏了出来，和桌子上的钱叠加在一起，笑着说："我也凑成了整数了。"胖胖的马泽宇在我跟前伸出手，很得意地说："刚才那个小孩的五块，没有跟我打价，直接把我的玩具买走了。"孩子们你一言我一语的。

班委把红色的登记簿准备好了，爱心捐助开始了！每个小组都有一个登记员，孩子们把手中义卖的钱整齐地展开，大的金额二十，小的金额一角，一一排着队等着登记。最后还有七个孩子把自己想在跳蚤市场上花但没有舍得花出去的钱也拿出来，所有的钱收拢在一起共计 415.6 元，班长卞婧堃把这个数目大大地写在了黑板报"迎接 2016 年"的旁边，孩子们都为小薛同学高兴，我和王丹老师也每人拿出五十元，放在了爱心款里。黑板上的数字马上换成了 516.6 元。登记员赵妙琦用一张红色的大纸把爱心款轻轻地包了起来，送到小薛同学手中。我们就用这种方式迎接 2016 年。

晚上，我的电话响了。"您好！费老师，我是炳燚的妈妈，感谢您用这种方式给予我们帮助，我们全家人表示感谢……"

孩子们毕业了。暑假里的一个午后，新的一年级还没有开学，老师们提前几天上班做开学前的准备工作。还是那个曾经热闹的楼道的尽头，阳光照在楼道里，又反照在教室外的那面白色的墙上，有两个人站在教室前的书橱前，背影是那样的熟悉。我走上前，一看是炳燚母子两人，手里拿着一个黑色的大书包，正从书包里往外掏着书，炳燚妈妈见了我笑着说："费老师，我和孩子商量把小学的课外书捐给咱们班的小同学，我打听您的班级没有改变，没有和您联系，就摆在这里了。"书橱里的一个格子已经被书填满了。

爱是影响的，更是传递的。赠人玫瑰，手有余香。

显微镜下看世界

说到荷兰科学家列文虎克大家可能不太熟悉，但是一说显微镜，就不陌生了。初中上生物课时，我曾经接触过显微镜，虽然记不清在实验室里观察了什么，只知道我们排着队，对准显微镜的一个小孔，必须闭上一只眼往里看，也忘记了看到了什么。就这样的一幕在我的记忆里留了很多年。

后来当了老师，在三年级的语文课本里有这样一篇文章《玩出了名堂》，内容就是介绍列文虎克怎样发明一架简单的显微镜，并利用它发现了微生物，发现了一个全新的世界。"不得了，蚊子的腿看上去像兔子的腿……他观察水，看见水里有许多小生命挤来挤去……'小人国'里的'居民'，比地球上的居民要多得多。"我给孩子们讲着这个故事，有一句话是"耳闻不如一见"，虽然打开了孩子们的想象力，但是不如亲眼所见印象更深刻。看着孩子们好奇的眼神，我打算也让他们看一看"小人国"。

于是，我找到管理学校科学器材的孙老师，给她说明原因。就这样借了两架显微镜，你会问为什么是两架？一架观察洋葱表皮，一架观察头发。我们找不到为科学实验献身的蚊子，但是我们的头发可以就地取材。我在家里把洋葱切成一半，用保鲜膜整个包好，这样到学校再一层层的剥开会更新鲜。带着我的期待，来到学校。

我拿着两架显微镜，还没有走上讲台，班级就响起了掌声。孩子们都互相转告着："哇！这是显微镜！"我把两架显微镜放在讲桌上，大家的目光都集中在讲台上，被这两位不明来客吸引住了。我走下讲台，找寻着，在张晓璇的头上轻轻一掠过，一根头发就跟着我手的路线留在我手中，我捏着这根头发风趣地说："一会儿，看看晓璇的头发会变成兔子腿吗？"大家听了都哈哈大笑起来。我把这根头发放在载玻片上，又放在载物台上，用压片夹压好，把反光镜对准通光孔，调整粗准焦螺旋和细准焦螺旋，直到调好焦距，看清楚了一根细细的头发像一根黑黑的铁丝。我又拿起准备好的半个洋葱，对孩子们说："我手中的洋葱大家都能看到它的样子和颜色，那它的表皮是什么样子的呢？"我又把洋葱的内表皮用手轻轻地剥下来，把薄薄的表皮展放在载玻片上，按照刚才的步骤调节好显微镜，一个肉眼看不到的世界展示在我的面前。

期待已久的时刻终于来了！孩子们迅速地排好队，学着我刚才的样子，左眼尽量贴近目镜。孩子们观察完头发，你会听到这样的话："真的，变大了！""头发上还粘有小东西呢！""头发和兔子的腿差不多粗。"他们观察完洋葱的表皮后更会有这样的话："洋葱的表皮真漂亮！""一个个小格子都连在一起，就像一个个小房子一样。""我感觉像渔网，就是没有看到小鱼。""整个样子像北京的水立方！"……

下课了，教室里孩子们还在回味着刚才看到的景象。列文虎克玩出了名堂，而孩子们是学出了名堂。

小小"朗读者"

这几年董卿主持的朗读者风靡全国，这股朗读的风浪也刮到了我们班。为了提高孩子的朗读水平，培养朗读习惯，我们也举办了一期朗读比赛。别小看一年级的小孩子，积极参与，精心准备，热情高涨。

为了给每个孩子参与的机会，给每个孩子展示的平台，更让他们提高集体荣誉感，感受集体的力量。我把全班孩子分成四个朗读大组，每个大组中挑选三名代表，以"我为大组争荣誉"为本次朗读活动的主题。

为了迎接下周的大组选拔赛，下课了，孩子们拿着语文课本选好自己朗读的课文，有的在自己的座位上大声地朗读；有的几个孩子互相朗读，互相指正；还有的组有专门的朗读指导老师，一个个的指导发音。看着他们认真的样子就是可爱。

一个人的力量是有限的。我在班级圈里发出了活动邀请，让家长成为活动亲临者和参与者。家长们积极报名，很快十几名家长在规定的时间来到学校，准备选拔选手。

初夏的梧桐树伸展着茂密的枝丫，叶子更是长得绿绿的，就像一个个绿色的凉棚。这次大组代表初选就相约在这片梧桐树底下。孩子们拿着语文课本，家长也分好了组，把孩子们带到了自己喜欢的位置。我把每个组登记好的名单分发给家长。选拔的要求很简单：参赛的孩子每读完一篇课文，其他的孩子根据选手的朗读表现，举手表决。家长登记好人数即可，票数多的孩子代表大组参赛。

午后的阳光透过梧桐树的枝叶照在孩子们的身上。他们开始朗读了，其他孩子们围成一圈，欣赏着小朗读者的精彩展示。关忻成学口才表演有一年的时间了，他大声地、有感情地朗读着自己选的课文，孩子们听后都举手赞同他代表这个组参赛。刘梦琳手里端着语文课本，面对着她组里的孩子，很害羞地低着头，很有感情地朗读着，声音只有自己才能听到。"读完了吗？"底下的孩子们都皱起眉头，怀疑着自己的耳朵是否有问题，"梦琳，以后在朗读中声音一定要洪亮，这样大家才能听到。"我摸摸梦琳的头说道，她朝我点了点头，说："知道了，老师。"就这样每个组选出了三名代表，共有十二个孩子晋级到班级总决赛。

周五下午两点，教室里热闹起来，比赛的孩子们穿着盛装来到班级等待。各组的孩子们都为自己的大组准备了赛前口号："一组一组，永争第一！""二组最棒，谁与争锋？"……教室里请来家长观看比赛，又邀请了三年级和六年级的大孩子当评委，这些小评委坐在教室前面评分席上，每个评委手中都有打分牌，比赛期间采用给每个参赛者当场打分的规则。

教室的大屏幕上展示着董卿姐姐面带微笑的一张照片，照片旁边写着董卿姐姐的寄语："朗读者遇到了你们，又会怎样呢？"这时主持人李冰松穿着白色 T 恤，脖子上扎一个黑色蝴蝶节，黑色吊带裤子，黑色皮鞋，手端比赛流程夹子，轻轻地打开，很大方地为本次决赛开场，并宣读了活动规则。每名选手、评委和孩子们认真地听着，当李冰松说道："比赛现在开始！"教室里的掌声响起来了，那是鼓励的掌声，更是期待的掌声。

比赛开始了，小选手们都亮起了自己的看家本领，不甘落后：先是朗读自己精心准备的课文内容，然后是自己喜欢的课外书片段或者简单的故事情节，并说出自己喜欢的原因。孩子们都惊叹于自己组内代表的努力，张飒随着背景音乐的播放，深情地朗读着《我多想去看看》；康康穿着红色的毛衣，黑色的裙子，声情并茂地讲着自己的故事，把活动推向了高潮。教室变成了朗读的专场。掌声此起彼伏，每个选手上场前组内的孩子们再次喊出自己组内的口号，为组内的代表加油鼓劲。评委们欣赏着，当场打分。

康康比完了赛，走到组内，大家都表扬说："康康，你真厉害！我们现在是最高分！"

贾若雪的同桌给她竖起了大拇指说："小雪，你的声音真好听！"

"周大炜，你在我心中是最棒的，分数多少没有关系。"大炜组的李汶轩拍拍大炜的肩膀鼓励着大炜。

"儿子，今天超常发挥了！"摄影师孙悦峰的爸爸给朗读归来的儿子一个拥抱……

"胜败乃是兵家常事，只要参与了就是胜利……今天无论哪个组赢了，还是输了，这都没有关系，我们在享受着整个比赛过程，孩子们你们是最棒的！"在颁奖典礼上，家长代表张彬洁的妈妈语重心长的话既是安慰也是鼓励。

每一个孩子都是"朗读者"，只要给他们一个舞台，他们就会还你一个奇迹！

教学反思

最好的时光
在路上
最美的自己在远方

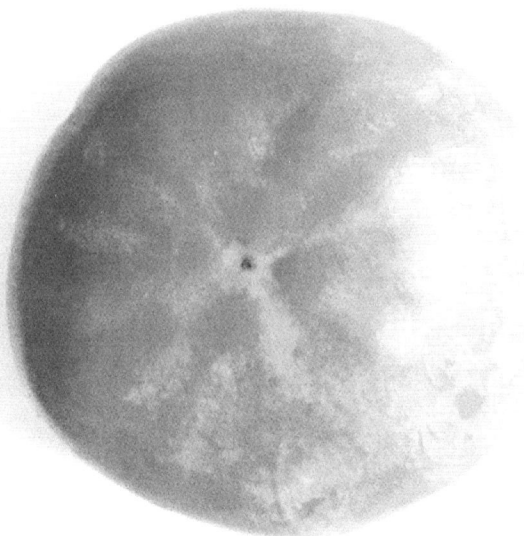

当前后左右都没有路的时候，你一定鼓励自己向上飞。

《狐狸分奶酪》之老师分奶酪

学校的听课飞行检查，这周飞到了我们班。这半年的课程已接近尾声了，于是我选了第八单元的第二篇课文《狐狸分奶酪》。

《狐狸分奶酪》是一篇寓言故事，讲的是狐狸为两只小熊分奶酪，结果狐狸把奶酪吃得一点也不剩。讲课时，我利用课件先在生字上下功夫，分别找孩子说一说本课的生字用什么方法认识。采用砸金蛋的游戏再次巩固本课生字。孩子们夯实了本课的生字。在写字环节，我选的是"奶"字，这个字的笔顺是一个难点，孩子们书写容易混淆。我就抓住字的样子提问如何记住这个字，李津锴的方法赢得了大家的认可。"老奶奶年纪大了，腰弯的很厉害，都快倒了，赶快拿起拐棍，往前走。"这样就解决了先写"撇"还是先写"横折折弯钩"。

因为时间匆忙，头天晚上只买到奶片，没有买到奶酪。我给孩子们解释完奶酪后说："这奶片是奶酪中的奶酪"，以什么是"奶酪"为引子，导入课文内容。在教学本课时，我抓住了最后一题的要求"分角色朗读课文"，狐狸和两只小熊的对话以及心理和动作神情描写成为教学重点，通过不断地发问和引导，孩子们分角色的时候表演出来，赢得了听课老师的称赞。

最后问题抛出来，"如果你是小熊，遇到这样的事情会怎样去做？"孩子们畅所欲言后，文章到这里也就水到渠成了。孩子们在文章中不仅是学文，更是学习如何做人。

课文马上讲完了，我让孩子们统计本课的奖励分以后，从最高的名次往下找，找到了7个孩子，分别把一板奶片分给他们。"你们得了奶片会怎样做呢？"大多数孩子说回家和爸爸妈妈一起吃，还有的孩子说和同学分享。我问王浩然，他说留给去济南看病的爷爷吃。听了孩子们的回答，我心里很是欣慰，孩子们在文章里悟出的不仅仅是寓意，更多的是情感。

下午最后一节还是我的课。一上课，王佑戌就匆匆地走到我面前，在兜里迅速掏出了几个像粉笔大小的黄黄的奶酪，一放在桌上，一股奶香味飘了上来。"老师，这就是奶酪，可好吃了。"王佑戌的眼睛里闪着得意的亮光。"谢谢了！我们得感谢王佑戌给大家带来的奶酪，这几个奶酪将会奖励给这节课表现好的同学，老师分给他，不过我还要征求一下王佑戌是不是同意这样做？"那个小子毫不犹豫地点点头。这节课孩子们还是根据表现得到了奶酪。讲桌上还有两条，"王腾烨生病了，还是坚持上学，老师佩服你，这个给你！""张来贺最近进步真大，说话声音大了，这个给你！"看着孩子们用餐巾纸轻轻地包好，望着他们的背影，我感到这节课上得很满意。

其实本课我该再抛出一个问题思考：文章一开头就说两只小熊在路上捡了一块奶酪，如果是你怎样？大多孩子总以为让着弟弟，我的这个问题是，捡的东西是否能吃，是否能占为己有？很遗憾课上没有讨论。我想如果真这样是不是把世间的那份纯真给玷污了。

珍惜友谊
——记《纸船和风筝》教学反思

这节课，我和孩子又一次走进一篇感人至深的童话故事——《纸船和风筝》。文中的小熊和松鼠分别住在同一座山的山脚和山顶。先是小松鼠折了纸船，沿着溪流给小熊送去了"祝你快乐！"，而后又是小熊用放风筝的方法给小松鼠送去了"祝你幸福！"。纸船和风筝成了他们的友谊纽带。即使两个人吵架了，也是通过纸船和风筝获得对方的谅解，可以说纸船和风筝在这座山上架起了一座友谊的长桥。

本课小熊和小松鼠的感情变化比较明显，我就抓住了这条感情线，放手让孩子在积极主动的思维和体会情感中加深对课文的理解，在读中感悟，品析情谊。反思这堂课，我觉得在以下两点做得可以：

利用简笔画，打造情景。在教学过程中要关注学生的情感生活和情感体验，学生在学习的过程中更应该是愉悦的精神生活和积极的情感体验。教学一开始，我就先引导孩子读课文中的第一自然段，利用简笔画的形式画了一座山，画上溪流，引出故事中的主人公，并让学生找到小松鼠和小熊的家，引起孩子们的兴趣。课前，我让班上一个孩子叠了一只纸船，又把我去潍坊出差朋友送我的一个小风筝准备好了。教学到这个环节，我用磁铁扣分别贴在黑板简笔画的上面和下面，小船放在溪流上，风筝用长长的线拉着。在这个教学情景里，我把"漂"和"飘"，两个同音不同意的字加以区分，学生更能理解课文内容，学生学习兴趣更浓了。

读是理解文字、体会情感的纽带。这节课，我充分利用读，读通课文和读好长句子。我在教学中抓住"乐坏了""山顶上再也看不见飘荡的风筝""如果你愿意和好"等语句，体验情感，让学生在读中有所感悟，在读中受到熏陶。在读中我又采用了多种方法，如自读、范读、指名读、跟读，在读中体会，在读中思考。我和学生一起探讨、揣摩小松鼠和小熊的感情变化，引导学生在读中一步步走进两个小主人公的内心世界。

走出文本，走近孩子。一节课快讲完了，留下的是更多的思考。孩子们在人生路上可能也会遇到这种情景，最后我给学生抛出了两个问题"你和小伙伴或其他人有过矛盾吗？你怎样处理的？"学生说出自己的解决办法，都有自己的想法。"友谊需要宽容，友谊需要谅解"。

课堂上也有不尽人意之处，课堂也是永远不会完美的，以后我会自我完善，打造完美课堂。

掀起你的盖头来

去年暑假开学初，接到学校通知让我教一年级的电子书包班，"电子书包"听名字就知道与产品有关。我一直对电子产品不感兴趣，感觉这是无法完成的任务。

一年级期中考试后，我打算在课堂上试一试这个先进的科技产品。于是联系上了驻德州办事处的陈工，准备上一节《笨狼》读书交流会。我把课件准备好了，等待陈工的到来。陈工如约而来，通过网络把我准备的资料传输到平板电脑上。孩子们也在班级期待这节课。

上课铃响了，不知道是网络的问题，还是什么问题，孩子们的平板电脑接受不了我平板电脑上给出的信息，一分钟，五分钟，十分钟……教室里开始骚动起来，陈工额头上渗出密密的一层汗来。这时我随机应变，让孩子们拿起手中的《笨狼》这本书，一起讨论起来。二十分钟了，教师的平板电脑终于和学生的连上了。就这样我准备的四十分钟的读书交流会，因为故障用了二十分钟匆匆地结束，这节读书交流会给我留下了好多遗憾。从那时到今天，一说用平板电脑上课，我的脑海里就会浮现出"《笨狼》读书交流会"。

《笨狼》中的笨狼不笨，这是我们读书交流会留下的一句总结。

升入二年级后，我一直不敢再次用平板电脑上课。教学我们班的数学老师换成了刚刚毕业的段老师，他对高科技的产品很感兴趣，有时让孩子带平板电脑来，在数学课上让孩子做一些抢答题、连线题，孩子们已经能够操纵自如了。我着实的羡慕，也想再次尝试一下。

昨天，我通过询问、学习、摸索，自己在网上平板电脑的后台里把上课用的课件和题库上传到平板电脑上。

今天上课前，我上课的步骤已经会熟练操作了。这次准备的还是读书交流会《豆蔻镇的居民和强盗》，"万事俱备只欠东风"，真不敢相信自己的变化。上课时，我很自信地完成了本课的教学任务，孩子们在课堂上一起交流、互动，课堂气氛活跃。"你喜欢里面的哪个人物？""强盗的宠物为什么是狮子？""豆蔻镇是一个怎样的小镇？"我的平板电脑和孩子们的平板电脑相连接，一个个的问题被我们讨论着，感受着豆蔻镇居民的善良，乐于助人。最后我又发送试题，孩子们在平板电脑上上传答案，我的平板电脑上马上出来分数，并显示完成情况，最后进行数据分析，来听课的家长和老师们都被电子产品带来的课堂效果惊叹。

俗话说"万事开头难"，开头完成得那么好，以后也会越来越精彩。生活，峰回路转几十折，到处都有新的起点，当我们处于新的起点时，不应该排斥它惧怕它，而应该饱含激情，热情地迎接它，拥抱它。掀起盖头，迎接美丽的"新娘"，掀起生活的盖头，迎接新的每一天，你就会"面朝大海，春暖花开"。

教学二年级上册最后一课《称赞》

《称赞》这篇课文是人教版二年级上册第18课，是必讲课文，今年2017年部编课本把它放在了二年级上册第八单元"我爱阅读"里面，所以文章的教学任务小多了。但是我还是认为称赞的力量是无穷的。

在学习这一单元的园地的时候，我就及时称赞表现好的孩子，一开始的"识字加油站"这一教学环节，我先让孩子们做动物名字卡片，然后归类，并让孩子在班级投影仪上展示讲解归类的理由。"张飒，是按照生活习性归类的，很棒！""张佳泽，你是按照他们的食物归类的，你的想法与其他孩子不一样，大家把掌声送给他。""任义中，你是按照动物的外形归类的，也很棒！"他们得到了老师和同学的称赞，当然是信心满满了。

在园地八的写字环节里，孩子们自己观察字形，并能理解课文泡泡里的提示。"这个题的橘色格和蓝色的基本上大小相同，也就是告诉我们要书写字的左右均匀，高低差不多，泡泡里的提示告诉我们要看清整个字的部件，这样不容易写错，还要写得整洁。"高明泽一边观察字一边为大家讲解。"你可以当小老师了，把你看到的和理解到的很清楚地分享给了我们，太好了！"

掌声一片！

最后是"我爱阅读"这一环节，"大家读完后，明白讲的是什么吗？能不能你当小老师去问一问，这篇文章的问题，如果你觉得同学的回答令你满意，你就给他一个称赞。"我和孩子们商量着。话语刚落，孩子们的小手就高高地举起来了。"哪位同学说说这篇文章写的是谁和谁的故事。"刘梦琪很大方地问。"李汶轩回答！""你说的对，给你点个赞！""我想问在文章里有'粗糙'一词，谁知道是什么意思？"关忻成抛给大家的这个问题，对于二年级的孩子来说，确实问得有些难度，不知道有谁能回答出来。"就是不光滑。""在手里好像有刺扎。""就是坑坑洼洼的意思。"小手争相举着，孩子们的答案不一，但是理解很到位。"你们说的有那意思，我为大家点赞！"关忻成的表扬也很及时。"我再给大家把题提升难度，你们说'粗糙'的反义词是哪个？"他这一问，我也一时想不起来了。"是光滑。""精美吗？"这时，小个子刘士成把手举得老高，看来他还有答案："我感觉是'精致'更合适。""太对了，刘士成你真厉害呀！"关忻成竖起拇指朝着刘士成点了赞。在这节课上，每个孩子得到称赞后，都是很有礼貌地给对方说一声"谢谢！"真为孩子们的做法称赞。

最后我问孩子们："当你得到别人的称赞时，心情是怎样的？""当然是心情好了""听了别人的称赞，我感觉浑身有力量"……看来都愿意受到别人的夸奖呀！"大家想不想得到别人的称赞呢？"孩子们异口同声地回答："想！""那我们就走下书桌，把你的称赞送给想称赞的人。"孩子们都有序地下了座位，给别人送去力量和信心。教室里表扬同学的话语填满了整间屋子。

我走近孩子们，听着他们互相称赞的话语，看着他们脸上扬起的笑容，我也不吝啬自己的称赞，不停地给他们说："你们真棒！老师为你们点赞！"

和孩子们一起写作

在时光溜走前，用心记录着我们成长的痕迹。

劳动创造美

接学校通知，下午打扫室外卫生区，我和王丹老师决定全班出动。

"我的妈呀！这一片垃圾！"当我们的队伍来到校门口，被眼前的一堆堆黄色的树叶和粉身碎骨的瓜子皮、破砖烂纸惊呆了。为了很快地把这块"硬骨头"啃下来，我们分好了小组，男同学清扫北边，女同学负责南边。孩子们带着工具(当然没有工具的那就是手了)向着自己的卫生区飞奔而去，身材矮小的彦滋跑得最快，边跑边喊："这些树叶都是我的，都是我的！""你以为是大宝贝呢？运到家里可以发个大财！"大家俯下身子，可爱的小手飞快地收拾着秋给我们留下的印痕。炳燊发现汽车底下也是树叶的家。他弯下腰，笨拙的身体和粗粗的胳膊轻轻地往里够，够不到。他干脆四肢趴在地上，吃力地再往里移，微胖的他，终于把那几片和他捉迷藏的树叶揪了出来。

一片片树叶被同学们的小手转移到了垃圾桶里。有的还拿着大垃圾袋子找着。看远处的那几个孩子正吃力地往垃圾袋里运，唐道旭来来回回不停地跑着，头上还冒着热气，运了也不知道有多少趟了。

树叶终于捡完了，卫生区里没有了它的踪迹。我和几名同学再负责清扫地面。

大扫帚在我们手中挥舞着，一直捡树叶的博轩想扫地，在旁边站着看，走到我身边说："老师，我来扫行吗？"我满足了他的愿望，他弯下腰，卯足了劲，一阵狂扫，只见尘土飞扬，又似仙雾缭绕的仙境，挥了十几下，可是人原地不动。我只能让他停下来，让他看看我是怎样干的，一边讲一边示范。

鑫楠在我们清扫组里可卖力气了呢，眉毛、睫毛、头发、衣服上好多灰尘安了家，手上也磨出了血，我是既敬佩又心疼。

风就像调皮的孩子，一会儿向北刮，一会儿向南刮，我们只能变换方向清扫，校园里梧桐树的树叶又被风儿吹下来，打着转地落在我们的阵地上，刚想弯腰捡起，又飞快地翻滚着向远处跑去。

和垃圾的战斗终于结束了。我们排好队，互相欣赏着对方，孩子们都笑了："你是小黄人！""你变成小金人了！""小土人！""哈哈哈……"笑声传到了天上。看，几片叶子又落下来了，他们是为我们的劳动点赞呢！

秋　韵

带着秋的留恋，我和孩子们一起去校园里寻找秋天。

瞧，秋在树上。一片一片树叶在秋风里摆动着她那美丽的身姿。大部分叶子依然绿得发亮，也有绿中带黄的，就像画家用油画棒中不同的颜料涂抹的一样。更让人忘不了的是那枯黄的叶子，它无力地抓住枝条，没有水分的叶子就像老人的脸一样，我想当秋风吹来时，它们潇洒地离开大树回归大地，回归泥土的怀抱，"落红不是无情物，化作春泥更护花。"

瞧，秋在果实上。栾树高举着红色的火把，它在告诉人们，它们已经做好了成熟的准备。看，它像黑珍珠的种子，正蹦蹦跳跳地滚落到路边呢！可爱的石榴树上，几颗石榴正在偷偷地瞧着我们，像害羞的小姑娘，脸红红的。当我们轻轻剥开石榴，玛瑙似的种子晶莹剔透。

瞧，秋在花瓣上。秋天的花着实少的可怜，但操场砖缝中还开放着几朵和秋约会的蒲公英，娇嫩的花瓣上还停留了早晨露珠的痕迹。她们伴着秋雨的脚印，迎着清凉的秋风，散发着淡淡的清香，像一个美丽的姑娘傲然开放着。

瞧，秋天在孩子的心里。带着对秋的留恋，孩子们睁大眼睛去观察秋天，用手触摸秋天，用心去感受秋天，用笔去记录秋天。

秋，渐渐地走来，又在我们不经意间悄悄地远去，今秋没有遗憾，因秋已写入我们心中。

吹牛奶盒大战

比赛开始了，同学们把手举得高高的，跃跃欲试，试想这个时间了，要是来盒酸奶，那滋味就是经常说的广告词：甜甜的，酸酸的，真是好味道！

那盒酸奶正在讲桌上默默地等待着挑战者呢。看，第一个上场的是炳燚同学，他一摇一晃地走上讲台，那身板，长得就像大力士。他俯下身子，眼睛直直地看了一下眼前的酸奶，还有眼神交流吗？还是搞一下心灵相通呢？这时他鼓起腮帮，眉毛和眼睛一起抬起，使足了力气使劲一吹，向牛奶盒发起总攻，牛奶盒纹丝不动，像在嘲笑他："小样，力气太小，中午没有吃饭吗？"炳燚好像看出了牛奶盒的心思，再次运足力气，向牛奶盒又一次发力，讲台下的我和孩子们也为炳焱捏了一把汗，"呼——"发出的声音楼道里也能听到，看似小小的牛奶盒还是"外甥打灯笼——照旧"一动不动。这回炳焱算是服了气了，只能灰溜溜地回到座位上了。

几个孩子不甘示弱，摩拳擦掌，很有信心地上了讲台，也是使足了力气吹，可是牛奶盒好像钉子钉在讲桌上一样，只好宣告失败。

我看到这个场景，提议让班级最强壮的孩子试一试。大家都赞同让班级最高大的志伟上讲台。志伟一开始有些犹豫，他的同桌悄悄给他说了几句，他站了起来，硬着头皮走上讲台。他一脸严肃，绷着脸，一点也没有和牛奶盒战斗的准备，我们在下面给他呐喊助威，只见他用手指着牛奶盒说："我看呀，这盒牛奶吹风机也吹不倒！我就不用试了。"这是一个看前面同学没有吹倒，总结出的一句话，是经过思考得出的结论，我们惊呆了。不过，既然来到了牛奶盒的面前，他还是试了试，果然，他也败给了一个小小的牛奶盒。

最后，我找了一个体重没有 50 斤、身材娇小的小女生—— 一汝，悄悄地把"锦囊妙计"传授给她。她一上台，大家简直不相信自己的眼睛。只见她把牛奶盒放在一个信封的上面，把信封的口打开一条缝，朝着信封的缝使劲一吹，牛奶盒失去了平衡，倒了下来。"哇——，终于倒了！"最后那盒牛奶落到了一汝身上，她插好吸管，喝了一口，在旁边的我，感觉好像进了自己嘴里，酸酸的，甜甜的。

比赛结束了，那酸甜的滋味还在我的嘴里停留着，我想班上的孩子们也是如此。

美丽的校园

我们的学校——德开小学坐落在德州经济开发区同济中学的东面，是一座美丽的学校。

当清晨的第一缕阳光洒落在学校的时候，她就苏醒了。

走进德开小学，首先映入你眼帘的是一座高大雄伟的教学楼，它整体是绿色的墙体，给人一种健康、向上的感觉。教学楼侧面墙上赫然镶嵌着"书香校园　幸福德开"八个大字，这八个大字正是体现了我校浓浓的书香气息，就连教学楼里的楼梯和大厅也有很多读书名言，走进教学楼让你感觉就像在知识的海洋里遨游。

教学楼内除了我们供学习用的明亮宽敞教室外，还有很多功能室：多媒体室、微机室、图书室、美术室、舞蹈室、科学实验室等，各种功能室一应俱全，在老师的带领下我们在这里能学到很多的知识，增长很多技能。

教学楼四周是美丽的花坛。春天，迎春花、紫荆花、桃花竞相开放，吸引了蜜蜂、蝴蝶来参加春天的舞会。冬青树四季常青，一棵棵松柏像战士一样守卫着我们的校园。

教学楼的北面是一个宽阔的广场，广场上五星红旗迎风飘扬。我们经常在这里做操、做游戏，是我们锻炼身体的天地。到了冬天这里就成了我们堆雪人、打雪仗的乐园，校园上空总是飘荡着我们的欢声笑语。

教学楼的南面是我们学校的"幸福菜园"。每到秋天这里可热闹了，各种各样的蔬菜在老师的精心培育下长得可茂盛了，豆角像害羞的姑娘躲在叶子底下，紫色的茄子鼓着大大的肚皮，长长的丝瓜吊在绿色的藤蔓上，等着人们去摘呢！

教学楼的东面是两排枝繁叶茂的法国梧桐树。秋天来了，一片片树叶就像一只只蝴蝶飞舞着。梧桐树下是一排乒乓球台，大课间的时候，班上的几名乒乓球爱好者经常在这里你推我挡，切磋球技。

教学楼的西面是塑胶跑道，红红的跑道就像红色的地毯。开运动会的时候，体育健儿在跑道上展示自己的风采，平时我们上体育课的时候也会先在上面跑上两圈。跑道中间是一片草地，草地软绵绵的，在上面打两个滚，踢几脚球，是多么快乐的事呀。

这就是我们的美丽的校园，我爱我们的学校！

四十七朵花

　　世界上的每一朵花都是不一样的，每一片叶子都是不一样的，每一个孩子都是不一样的，每一个人的生活色彩也都是不一样的。

腾烨归来

腾烨是一个四川和河北两个省份的混省儿，按照科学家们的分析，父母的老家离得越远，生出的孩子应该更聪明些，但是事实证明专家也不一定正确，我接触了腾烨后，才发现学习上他是一个比较慢的孩子。也许就是他妈妈说的，他爸爸心疼他，在学习上顺其自然，他怎样学就怎样学吧。但对于我来说，孩子只要有希望就应该去努力帮助。

三个星期前的一个周五，腾烨生病了，需要每天输液治疗，不来学校上课已有一段时间了，幸亏有一小部分孩子为了提高自己的朗读水平自己成立了一个朗读组，每天在这个群里发自己的词语朗读或者课文朗读，他们互相监督，互相鼓励。这个朗读组里就有腾烨，每天他会发自己的朗读内容，虽然没有来学校和其他孩子一样正常上课，但是每天能听到他朗读的声音，他的带病坚持成了这个朗读组的动力，没有人会把他遗忘。今天他终于又回到了一班这个大集体里，腾烨一进教室门，先走到我面前很有礼貌地说："老师好！"他胖了不少，脸上的肉肉圆了，可能是每天的输液导致的吧。

在我的印象里，他在学习上是努力的。有一段时间，妈妈把腾烨和上四年级的姐姐转到了别的学习托管班了。在转托管班的过程中，腾烨体会到妈妈在他和姐姐身上的良苦用心。从那以后上课时，他总是积极举手、积极发言，我在他的眼神里找到了努力向上的希望，课堂上的表现逐步获得我对他的欣赏，我随口夸他"今天表现确实不错！"而他很坚定地回答我："我要证明给妈妈看，我是喜欢学习的。"其实，孩子不仅仅在证明给妈妈看，也在证明给我看。如果某一天一个孩子的激情被点燃，他离梦想就不会远了。

今天上午第三节课妈妈又带他打针去了，下午第三节课来到教室开始听课，他静静地坐在座位上，低着头写着我留的练习，看着他努力的样子，这又令我油然而生了敬佩之情。就像他自己说的"我要证明给妈妈看，我是喜欢学习的。"我更知道他也是在证明给大家看，他是喜欢学习的。

腾烨进步很大，这几次小测都能过九十分，在进步的孩子名单里，我写下了这三个字：王腾烨。

朝鲜族小妮子幼琳

　　一年级刚刚入学不久，班里就分了一个可爱的小明星——幼琳，齐耳头发，白净的皮肤，开始大家都说她是韩国人。开学前几天，为了更快地认识这些新来的学生，让孩子们制作自己的座签，座签上写上自己的姓名。这个小姑娘的名字下面又写了三个朝鲜文，这三个朝鲜文里有圆有方还有竖，我很好奇地问她名字用朝鲜语怎样发音，她抿着嘴笑着读了出来，我是一点也没有记住，只能听出像是外国话。后来才知道她是朝鲜族的小姑娘，有时我也会和这个小姑娘聊上两句："你好，用朝鲜语怎样说？""四年级有个大哥哥是韩国人，你能和他说说话吗？"她总是不好意思地笑一笑，不知道是害羞还是不敢尝试。

　　一次我去外地出差，三天后归来。回到学校，为下一节语文课提前做好课件，做好上课准备。上课的铃声还没有响，我提前走到教室准备上课，楼层的四个班正在课间，孩子们把整个楼道几乎站满，我只能在人群里挤着向前，这时不远处飞来一个姑娘，极快地来到我面前，我定睛一看，原来是"安安同学"，她跑过来撒娇地说："老师，你可回来了，我都想死你了！"说完抱着我的胳膊晃了两下，我低头看了看撒娇的安幼琳，思念的感觉也油然而生。"我帮您拿课本吧！"看着可爱的她，听着她的话语，心里暖暖的。

　　"安幼琳聪明，明白了老师的意思。""我现在只听到了安幼琳的声音！""考场规则都听明白了吗？""明白了！"我在幼琳的回答里听出来了她总是第一个领会我的意思，在班级上课她总是很积极地响应你的问题，早读朗读课文，总是第一个响起洪亮的声音，我会把我的表扬毫不吝啬地送给这个朝鲜族小姑娘。

　　学习《难忘的泼水节》后，练习题后面有一个题是：你还知道哪些节日和风俗习惯。我搜集到了蒙古族和回族的资料后，和孩子们一起交流。写了两个民族的特点后，我对幼琳说："你是朝鲜族的，朝鲜族有哪些节日和风俗习惯呢？"她撅着小嘴说："我不知道呀，回家问问奶奶去。"于是这项作业交给了她。晚上幼琳的父亲把朝鲜族的节日和风俗习惯发到了群里：朝鲜族的民族节日有上元节、寒食节、秋夕节，传统朝鲜族舞蹈有刀舞、长鼓舞、龙鼓舞，长鼓和手鼓是朝鲜族的传统民族乐器。不知道幼琳晚上问奶奶朝鲜族的习俗的时候，是不是很惊叹自己民族竟然有如此丰富多彩的节日。

第二天上语文课，幼琳走向讲台，拿着她搜集的资料，和孩子们一起分享着朝鲜族的风俗习惯，看着她充满自豪的表情，就知道她一定是为自己民族的文化传统而骄傲着。

给孩子一次寻找的机会，搭建一个展示的舞台，她会有很大的惊喜和收获。

精明的子轩

子轩的爸爸是一个细心人，爱好美食、家居，除了上课，班级好多事他总是能搞定。第一次见到他时，白头发都要把整个头占领，不过容颜和头发不符，还是比较年轻。爸爸照顾儿子的所有一切：学习和生活。可能他什么都可以胜任，太太就省了不少心。他既是严父又是慈母。生活在这样的家庭里，也有时很无奈，很烦恼。一次聊天说儿子子轩比较犟，不听他的。

一次在自己朋友圈里发了一张孩子的照片，下面的内容就是：孩子不爱洗澡，自己不知所措。第二天语文课，子轩写完了课堂的作业，坐在位子上正在安静地看书，我把他叫到跟前说："子轩，你和锦泽的脸比一比，谁的白？"他抬头看了看石锦泽不好意思地笑了笑说："他的白。"我又把石锦泽叫到身边说："锦泽，你跟子轩说说，你的脸为什么这么白？"锦泽看了看我，大声说："老师，我天天洗脸和洗澡。"孩子们听到锦泽回答的声音，手中的笔都停了下来，议论纷纷，都在说自己每天洗脸洗澡。我又随口问了问全班的孩子，"我们班不洗脸和不洗澡的孩子举起手来。"子轩很聪明，看到这个情景，知道是为了他的事，低着头小声对我说："老师，我以后要洗脸洗澡。"有一句话是"没有买卖就没有伤害。"我的理解是"没有对比就没有改变。"

每周五，我会在楼道里值班，一次值班中，子轩在楼道里和王腾烨打闹，推来推去，长长的睫毛遮着他黑黑的眼珠，脸上洋溢着胜利的感觉。我走上前制止道："子轩，这个动作太危险了，咱可以做个游戏吗？"刚刚掉了牙的他，斜着眼瞧了我一眼，不假思索地说："老师，他先和我闹的！"这小子先把自己择清楚了。我话题一转，"我问问你，你的日记本怎么还没有买？

咱班就你没有准备了，是不是你爸爸最近一直忙着做生意了？"他扬起小脸，直接说："我家没有钱，爸爸每天很辛苦！"此话一出，我为之震撼，经常和爸爸对着干的他，总是让我们琢磨不透。

最近子轩爸爸不仅晒他家的正宗羊蝎子，还常常晒儿子的作品，今天写的是课本上的看图写话，老鼠和猫的故事，孩子回家写完了，拍上照片在微信朋友圈里晒晒，自己也很满意地写下评价：小小成长，小小进步！加油。看着孩子们点滴进步，对于老师也是最大的欣慰。孩子的进步如同爬坡，要一步一步来。

12 月 15 日这天，我刚走到教室，子轩就轻轻地走到我面前，悄悄地说："老师，今天是我的生日。""祝你生日快乐！"我摸了摸他的头，他眯着小眼睛带着我的祝福回到了座位上。第二节课，刚刚下课，他就咧着嘴来到办公室，一只手放在肚子上，很痛苦的样子，说："老师，我肚子不舒服，您给我爸爸打电话，我回家。"我把电话打给他的爸爸，那头说，还有一节课就放学了，就坚持一下。我把话转达给子轩，他还是坚持回家。我又打电话，电话的那头只好妥协了，一会儿工夫他奶奶把接走了。他挥着手，微笑着和我再见。他肚子疼不是一次两次了，听他爸爸说，不是大毛病，回家有时不吃药就不疼了，这个情况已成习惯。晚上他爸爸发了个朋友圈，只见子轩手捧一个精美的蛋糕，带着寿星帽开心地过生日呢，半天不见，看来是好了。后来想想，他是中午在学校吃小餐桌的孩子，是不是想中午回家过生日去呢？这只有他自己知道，我们只是猜测而已。

佑戌的鼓励

不知道为什么今年的朗读者来的如此早，暑假前的朗读者的情景还是那么清晰，而今又迎来了第二届朗读者。本届的朗读比上届要高大上的多，除了有康博小学加入，校长也加入了这支热爱朗读的队伍，更高大上的是设备的提升——直播。全校通过微信在班级直播现场，家长也可以通过微信网络平台观看此节目。其实，我内心希望直播网络出故障，大家看不到，也会舒缓一下我紧张的心情。

排练了多次，直到上场，我们组的七位老师才定下来上场的动作，以及上场站位，我这个"老年人"都被搞蒙了。头天晚上的课件我也是设计到了12点，头昏脑胀的，这样的事情以后可少搞，提前做好准备，别打无准备之仗。

终于上场了，我们的出场顺序又和平时练的上场顺序反了，我的天，怎么这样呢。又把我搞蒙了。幸好大家在场上展示的很顺利也很精彩，"功夫不负有心人"最起码我们是背过的，没有看稿子。为了这个不看稿子的朗读，我是晚上睡觉前背上几遍，早上起床后背上几遍，上班的路上也背上几遍，平时只要是有空闲了都要来上几遍。

演完了节目，我就匆匆地回到教室，感受在班上看直播的情景。一进教室，孩子们情不自禁地鼓起掌来，一个孩子悄悄地对我说"老师，你今天真漂亮！"

节目接近尾声，家长代表和部分老师打分，我们是二等奖里的第一名，教室里再次响起掌声。一个孩子看到颁奖说："老师，二年级的老师得了二等奖。"我微微一笑，对他们说："名次不重要，重要的是参与了。"这时，佑戌眯着眼睛，看着我说："老师，在我们心中你们就是一等奖！"我拍拍他的肩膀说："你说一等奖就是一等奖！谢谢你对我的鼓励。"

演出结束后，二等奖的荣誉证书照片传到了我们朗读群里。孩子不在乎几等奖，在乎的是节目里有自己的老师参与。在我们的朗读群里我写下这样一句话：经历就是一种成长和历练。

佑戌虽然有些小调皮，但是平时也是很暖人的。这个学期的跑操比赛大家很是重视，各班都在加紧练习，有几个孩子由于生病不能参加，佑戌就是其中一个。段老师负责带领能参加跑操的孩子去练习，我负责在班级里看着几个不能去的。因为是下午最后一节，我和留下的孩子一起做值日。我用大桶打来半桶水，从楼道的尽头向教室里吃力地走着。远远的跑来一个小男孩，他边跑边说："老师，我们一起来！"帮我一起把水桶抬到教室门口。他又把教室后面两个大拖布拿到桶前，放上消毒液，对站在旁边的我说："老师，你今天讲课挺累的。他们几个分好组负责拖地，您就看着我们干就行了。"说完笑了笑，两只眼睛眯成了一条缝。然后他把拖布放在桶里涮干净，接着拿起来拖布放在挤水的框里，使劲按下挤水的把手，把拖布挤了半干，最后分给等待拖地的其他孩子。这天下午的第三节课，我真的是按照小暖男的建议，看着他们把教室打扫得干干净净。

教室外面的气温是冷的，教室里是暖的，我心里更是暖的。

活跃分子悦峰

悦峰最近在班级比较活跃，其实这个孩子从一年级到现在，无论上课、下课，都比较活跃，上课实际是爱插嘴，换一种方式想也能看出孩子懂得多。前段时间学校要排练课本剧，我定下来的剧目是《寒号鸟》，首先想到的是由他来演寒号鸟，台词最多的就是他了，一只寒号鸟从开始到最后结束表演得活灵活现。悦峰一上台就是一只印象深刻的寒号鸟，他自信地给大家介绍自己："我是人们传说中的寒号鸟，我的名字可多了，复齿鼯鼠、橙足鼯鼠、黄足鼯鼠、飞鼠，很多人叫我寒号鸟，其实我不是鸟，而是一种哺乳动物……"当旁白李冰松说道："寒号鸟展开双翅，羽毛是那样的光滑……"悦峰在舞台中间挥动双臂，随着旁白的解说转了一圈，享受着阳光的温暖。功夫不负有心人，在大家的努力下，我们班的课本剧表演得了年级组一等奖。

今天上课的时候学习课文《狐假虎威》，我让学生分角色扮演神气活现的狐狸和大摇大摆的老虎。开始找了两组孩子，狐狸的扮演者演得很像，但扮演老虎的孩子表演得总是不太满意。在座位上悦峰同学急得站了起来，把小手举得高高的，看来他有演好老虎的十足把握，让他来试一试吧。只见他瞪着圆鼓鼓的眼睛，眼睛上的眉毛故意往上挑着，好像额头上就有一个"王"字。他东张西望地跟在"狐狸"后面，时不时地看看大家，露出奇怪的神情。大家哈哈大笑，他的表演给大家留下了深刻的印象。

教学"牛"字旁也是语文笔画书写的难题，"牛"字旁第四笔和"牛"字的第四笔是不一样的笔画，我在备课的时候不知道用什么方法攻破这个地方。几个孩子说出了几个办法，达不到预期效果。孩子们各抒己见，悦峰同学又把手举高了，我想他又有什么办法呢？他走上讲台，伸出小手，笔画着"牛"字旁，边说边讲着："大家看这个'牛'字旁，牛站着的时候最后是写竖，站得直直的，牛字旁最后是写提，是牛不光要站着，还要走路，牛的提就是抬脚走路。""这个方法真好！为孙悦峰点赞。"真是"山重水复疑无路，柳暗花明又一村。"

悦峰也有他自己的烦恼，那就是写周记。起初，对于他来说，周记就是他的一根软肋。一篇周记草稿纸上写上两三遍才很认真地誊写在周记本上，写的内容也是很简单，留给人们的是无限的想象空间，缺少的是细致的描写。随着知识的丰富，阅历的积累，悦峰的周记越来越让人喜欢读。在他的《周记成长过程》中是这样写的："每次写周记，妈妈跟着我一起写，由于妈妈好多年没有写东西了，有时也急得涨红了脸。在妈妈的陪伴和一起努力下，我现在比以前好多了。以前，每次写周记我都是愁眉苦脸的，就像犯了砍头罪一样。如今，通过老师的指点和读书，积累了好多句子和词语，头脑中的知识慢慢地多了起来，并且把这些知识运用到写作中去，我的周记越来越有进步。我对写作越来越感兴趣了。"

"服务员很快就拿来了红白相间的羊肉，又白又软的金针菇，让人一看，就迫不及待地放在锅里，它们在锅里不停地翻滚着，就像洗着热水澡一样。熟了！我们就开始吃了起来……"悦峰读着他的周记，大家津津有味地听着，嘴里的唾液早就生成。

爱哭的义中

某天年级组开会，坐在我旁边的刘洪云老师问我："你班的任义中怎么样？""最近还行。"她一脸惊讶，"哦，那天电子书包班选拔考试的时候，一把鼻子一把泪的在位上哭，还说他不会做题。"原来义中是这样考试选拔出来的。

下课铃响了，一个胖墩墩、大脑袋的男孩，两只手撩起上衣，露着鼓鼓的肚皮，晃悠悠地走出教室，这就是我第一次接触义中的印象。幸亏座位上有座签，不然都不知道他的名字。"任义中把两只手放下，这样不雅。""知道了。"两只忽闪忽闪的大眼睛看着我说。

开始做题了，真是洪云老师说的那样，他嘴里嘟囔着，一只手写着，另一只手也不闲着，不停地擦着眼泪。一个小同学走到我面前悄悄地对我说"老师，任义中又哭了，刚才上数学课的时候他就哭了。""不理他就没有事了。"我看了看他，问题不大。"这个题怎么做，我真想不起来！"带着哭腔喊着，这声音一出，隔壁班的也能听到，老天爷，现在正在展示他哭的本领。我走到他跟前，一看泪水和鼻子水混合物都把手沾满了，我在班级后面的纸巾盒里抽出几张纸，递给他。小声地说："义中，那天老师不是讲了，公共场合可不能影响其他的人吗？哪个题不会，我看看。"他立马不哭了，认真地听我讲。看来他是用哭的方式在求助你呀。

升入二年级，每周的周五我都会在楼道里值班看学生下课纪律。义中晃悠悠地走过来，忽闪着大眼睛对我说："老师，我考你一个脑筋急转弯，有 10 个逃兵，被抢打死了 5 个，还剩多少个？"我不假思索地说："当然是 5 个。""这是脑筋急转弯，你得用发散的思维想这道题。"他很认真地看着我说。"这么说就是没了。""对了，刚才不是说逃兵吗？早就逃了。"他乐呵呵地，晃悠悠地向教室走去，我想他是不是又考其他的孩子去了。

最近几天，义中的眼泪不轻易流出来了，也许是通过自己的努力，没有不会做的题了吧。这周数学课上开始学习方向，当然小时候的游戏"东西南北"也开始风靡班级。语文下课铃刚结束，他拿着一个没有字的东西南北快速地走到我面前，"老师，你给我写上我要的。""你想写什么？"我把四个角上先分别写上东、西、南、北。他抬着头，笑着并压低声地说："怪兽、巫婆、野人、吃屎……"我的老天爷，他想的这些词看来早就想好了，不知道他会和谁做这个游戏。

爱哭的义中变化好大，字的书写变化大，上课举手变化大，当然不爱哭了，这个变化更大，希望他越来越像男子汉。

本分认真的佳泽

佳泽这个孩子白白净净的，入学以来给我印象最深的是他脸上的那颗黑痣，还有佳泽妈妈在朋友圈里发的孩子用手机软件为自己照的搞笑照片。通过一段时间的接触，佳泽原来写字慢点，说话声音小点，书写乱点。最近书写进步很大，还能回答出班级好多孩子回答不出的问题。我经常对他说"你懂我！"

佳泽在班级守本分，做事也很认真，他的"故事"不算多。今天我在这里多说说他的父母，在这一年多的接触里，可以用"感动"和"感谢"来表达。

感动一：一年级新生入学不久，上级部门下发了各年级的古诗背诵篇目。因为才接触新的家长，根本不了解他们的情况，当时我在班级群里很小心地发了古诗篇目的链接，下面写到"哪位家长能帮助孩子们打印出古诗词，每个孩子一份，共 52 份，辛苦了！"刚刚发完，张佳泽的爸爸就在群里发来了信息："费老师，我来吧。"又问了古诗词加不加拼音。第二天一大早，班级门口站着一个大人，向我走来："您是费老师吗？我是佳泽的爸爸，看看古诗打的怎样？"我打量着他，很年轻、中等身材，我接过一沓古诗纸，看了看说"谢谢了，真快呀！可就是字小了点。"估计也就是小四号字，加上拼音，密密麻麻的占满了整张纸的空隙。"我回去再重做，最近几天也没有什么事。"说完，转身匆匆地走了。其实就是打印的字号小了点，都怪我话来到嘴边太快了。第二天，佳泽爸爸重新打印的 52 份背诵纸带到了学校。

后来，我才知道，孩子的妈妈在医院里等待生二胎，在等待老二出生的这几天帮助班级收集、排版、打印古诗词。昨天我写了《爱哭的义中》，今天写到这里我也成了他。

感动二：最近这几天，我参加了"寻找国学大师"这项活动，没有想到网上拉票。在这个活动中，我除了在班级群里发了这个消息，发动我班家长为我们学校的四位老师投票，主要是让家长了解一下学校的老师，还在我的一个同学群里也发了这个消息，在同学群里我还用文字调侃："给老同学们添麻烦了，但是用这种方式也能记起我。"

通过大家的努力，我的票数也在逐渐地涨，尤其是班级群里，爷爷奶奶级的也参与到里面。今晚我在餐桌上吃晚饭，突然看到手机屏幕亮了，一个洗车群里正在发红包呢，我赶紧抢了一个。刚刚抢完，看到上面有一个"寻找国学大师"的截图，下面写道："大家受累了，请投201"这不是我的号码吗？是谁在给我拉票呢？群里只有头像，没有名字，我想一定是家长了，我迅速地在班级群里找头像，原来是佳泽的爸爸在洗车群里发红包拉票呢！此时，我还能用什么语言来表达我当时的心情呢？只有感动的泪水。

因为没有佳泽爸爸的微信，我赶紧给佳泽妈妈说明情况"佳泽妈妈，给佳泽爸爸说不要发红包拉票，大家知道有这个事就行了，不在乎结果，只要有过程就很好！让佳泽爸爸破费了，在这里表示非常感谢您和家人的支持！很感动！"

最后的结尾就是感谢了，感谢我遇到的二一班的孩子和你们。就像我在今晚的朋友圈里说的那样：世界不很大，因为没有距离！

一锴有自己的世界

刚刚接触一锴的时候是装饰班级文化园，一年级开学后，我们班级是以"书香班级"为主题进行装饰。崭新的书橱上空空如也，需要填满了，于是就号召孩子们捐书，孩子们有拿两本的，也有拿三本的，带到学校和大家一起分享。明天就是学校验收班级装饰的时间了，晚上孩子们都站队走了，我们也要马上下班了，一锴母子俩敲开了办公室的门，他和妈妈走过来，妈妈手里拿着一摞书，对我说："费老师，我买了一套《不一样的卡梅拉》。这套书很好看，也很有教育意义。一锴很爱看书，让他和班上的孩子们一起看吧。"我很惊讶，为班级捐书捐一套，这是唯一一个。第二天，班上的好多孩子和一只叫卡梅拉的小鸡交上了朋友。也就是在那天，我便开始关注这个爱看书的小男孩。

一锴很爱看书。轮到他值日了（我们班在一年级的时候每天来两名家长和孩子一起打扫班级卫生），他妈妈和其他人都在忙碌着扫地、擦地、抹桌子，而他却在书橱前低着头看他喜欢看的书。"一锴，快点打扫，你负责把桌子摆齐了"无论他妈妈怎样的提高嗓门，他还是沉浸在自己的世界里。

一锴的爸爸应该是一个交际比较广的人，很少管孩子，教育孩子的任务落在了妈妈身上。听说他爸爸是当年同济中学的学霸，初中三年考试只有第一，没有第二。在一锴身上，我也看到他骨子里有老爸的不服输的精神。写字、写话总是力求完美。课本田字格里的字和平时作业都是工工整整，"表扬一锴，他的字和印刷的一样。"每次写字，我总会把这句话挂在嘴边。

去年秋天的一个下午，放学了，妈妈还没有来接他。我陪着他在学校家长等待区里等待。他围着等待区里开满一串红的花坛转圈。突然，他脚步停了下来，轻轻地对我说："老师，我问你一个问题。""问吧，什么问题你还不知道？""你说人为什么会死呢？"他的眼睛有些湿润，我想他不可能提起"死亡"一词而内心触动这么大吧。小小年纪就想到这个问题，我真没有想到。"死亡是自然规律，如果我们没有死亡，地球早就容纳不下了，每个人都要经历，所以珍惜我们相遇的人。"这时他蹲在地上，玩起一个小石子。我不知道他是在听，还是早把刚才的问题忘了。

几天前，我教学《纸船和风筝》这一节课的时候，我在课堂上问了孩子们一个关于友情的问题"如果你和你的小伙伴闹矛盾了，你们怎样去解决？"好多孩子举起小手，在松鼠和小熊身上得到了启示，知道要珍惜友谊，说出自己的解决办法，然后怎样和伙伴再去相处。下了课，我们站队放学，我离一锴近，他边走边扬起小脸对我说："我和以前小伙伴真闹过矛盾，我们约好了一起决斗，狠狠地打一顿，然后谁也不理谁。后来他搬家了，到现在也不理。要是再见面，再约好狠狠地打一顿。"我被他的话搞蒙了，这节课是白学了，还是他在想念过去曾经决斗的小伙伴呢？

小孩子都有自己的世界，我们这些大人看不懂。爱看书的一锴的世界更看不懂。

热爱生活的方宇

周一早晨，手机的微信圈里收到家长给孩子请假的信息将近十条了。最近病毒性流感袭来，去医院看病的孩子和大人扎堆，就连德州晚报上都在紧急提醒预防流感。今天上课还是有十几个孩子的座位是空的，望着空空的桌子，我讲课的时候也少了一份激情。上周最先请假的是方宇，看来感冒君先是喜欢上他的。下午第一节课，我提前5分钟到班级组织孩子们准备这节课的练习册，一会儿上课写。孩子们在教室里干着自己喜欢的事，等待上课。我在讲桌边站着，等待上课的铃声。一抬头发现请了好几天假的方宇来了，心里真是开心。"方宇，你来了！"我提高嗓门，主动和他打招呼。"我来了！"他朝我笑一笑。"几天不见，老师还挺想你的呢！在家里想念我们吗？"他使劲地点点头。

上课了，小家伙表现格外的积极，我想也许是离开教室久了，才感受到：有时失去了，才知道珍惜。

升入二年级的他们，写周记已成为一种习惯。每个孩子每个星期写一篇周记，周记记录了他们的世界。方宇每周写的周记篇数最多，有时候每周写五篇，每篇都有自己的想法，在方宇的周记里的内容多数是他家里的生活，还有他的奇思妙想。《我的弟弟》《爱干活的爸爸》《我做的梦》《肉丸子和辣椒酱》……一起来看看方宇的一篇周记。

肉丸子和辣椒酱

今天，我和妈妈买来一些肉丸子，看起来香喷喷的，爸爸又拿回来一瓶辣椒酱。

肉丸香，辣椒酱辣，哪个更好吃呢？我觉得妈妈能当裁判。爸爸可不这样认为。他们在为这事吵得不可开交。"你闹够了吗？"爸爸生气地说。

后来又停了下来，彼此向对方道歉。就这样重新建立起我们的家。

"方宇，每周就写一篇就行，每次写这么多，你不累吗？""不累，我愿意写。"虽然他每周的周记数量，给我这个看周记的老师增加了负担，但是每每读起他的周记就是在品味他的生活，还有他热爱生活的方式。

　　安静的方宇也有疯狂的时候。开学没有几天，学校大课间的广播上试换音乐，一曲接着一曲调换不同的歌曲。孩子们坐在自己的座位上哼唱着自己会唱的歌曲。当最近流行的《青春修炼手册》的音乐在广播上一响，动感的音乐把孩子们的激情点燃。他们随着音乐的节奏大声地唱着。我提前来到教室门口，听了一会儿，心想：孩子们唱得真好！我轻轻地推开教室的门，其他孩子坐在座位上大声唱着，只见方宇站在课桌之间的过道里边唱边晃动着身体，摇摆着他的脑袋，沉浸在音乐的节奏中。平时安静的方宇瞬间在我的印象中改变了。

　　就像汪国真《我微笑着走向生活》写的：生活里不能没有笑声，没有笑声的世界该是多么寂寞。什么也改变不了我对生活的热爱，我微笑着走向火热的生活！

"走神大王"浩然脱帽记

　　提起浩然我得从一年级的开学说起，他的故事比较多，开始聊他话题最多的是走神这一神功，班上也有走神的孩子，但他确实是名副其实的"走神大王"。

　　"浩然，你回答我提问的问题吧。"当我发现他又在走神，马上把我提出的问题给了他。他转转眼珠，眼圈顿时红了，他很诚实并怯怯地回答："老师，我没有听见你刚才说的是什么。"我真不知道怎样解释这个问题。

　　下节课他又深情地进入了他的世界，他把文具袋放在自己的头顶上，脑袋轻轻地摇摆起来。我怀疑他是不是在考验我的耐性，"浩然，你是不是想当杂技演员呀？"他迅速地拿下来，把文具盒托在手里，咧开了掉了两颗牙的嘴，小声地对我说："我只是看看文具盒能掉下来吗？""浩然回家练去吧，我在讲课，练好了再给大家找个时间展示。"我只能用语言自己把心中的怒火浇灭。

　　渐渐地，他上课举手的次数多了，"浩然，你来回答这个问题。""老师，这节课我想读我的周记，我自我推荐我。""老师，我有一个秘密，你想知道吗？"其他学校的老师用我们班的孩子上公开课《我是什么》，他在这节课上火了一把，当朝霞和夕阳染红了天空的图片展示在大屏幕上的时候，他猛地大声喊出来"那不是火烧云吗？"当云雪雨雾的图片相继播放后，他情不自禁地说："这是天气大杂烩呀！"连听课的老师们都被这个知道好多知识的孩子逗笑了。在课堂上的踊跃表现，大家就能猜出他是一个爱看书的孩子。的确，他就是一个爱阅读的孩子。

我对他印象最深的有两件事。

一件是一年级下册讲解《棉花姑娘》，大家在学习的过程中知道棉花姑娘的天敌是蚜虫，那么对于生活在这个年代的孩子来说，见识农村的事物太少了，接触的也不多，所以只能在书里知道它们的名字。教学这一课，是初夏，正当蚜虫繁衍肆虐的时候。一天我发现学校天井里的龙爪槐上有蚜虫侵略，刚长出不久的、嫩嫩的小叶子上趴着好多绿绿的蚜虫，好像在集结。我教学这节课后，正好是大课间，我给孩子们说，老师带你们去观察书里所提的"蚜虫"。当孩子们在天井龙爪槐上发现蚜虫的时候，跑过来大声地告诉我："老师，不能再让蚜虫吃龙爪槐了。我们要把它们消灭掉！"大家就会想到后来蚜虫的下场了，但是很多胆小的孩子还是远远地看着，眼睛睁得大大的，只能用目光"消灭"蚜虫。浩然手心里放着一只自己在树上捏下来的蚜虫，走到我面前说："老师，我觉得蚜虫挺可爱的，我把他带回家，当宠物养起来。"他的世界我不懂，不知道现在浩然的宠物养得怎么样了？

另一件是前段时间学课文《狐狸分奶酪》，一节课下来后，我对这节课回答问题积分高的孩子进行奖励，每个孩子分一块奶片，浩然当然也在其中，我在分完每个孩子后，总问同样一个问题"你得到了奶片会怎样？""我会掰开分给我们组的同学。""我会拿回家，给爸爸妈妈吃。"当我问到浩然的时候，他用我给孩子们准备好的餐巾纸把奶片包了起来，抬起头，眼睛红红的，哽咽地说："我爷爷得了很重的病，是癌症，现在在济南住院，我这个奶片给生病的爷爷留着。"听完了他的话，我的眼泪浸湿了眼眶。

如今的浩然是变化最大的孩子，不再是走神大王了，他更能给我们带来力量。这周五的写作课上的是选词写话训练，他编写的故事《墙角上的葫芦籽》这篇小作文插上了想象的翅膀，给人正能量。

墙角上的葫芦籽

春风的力量真大，把一颗葫芦籽吹到了墙角的泥土里。葫芦籽说："那么高的墙，我怎么才能见到阳光呢？"小花说："这墙其实很低，你奋力一搏就可以了。"

过了几天，葫芦籽终于长得比墙还要高，小葫芦对小花说："谢谢你！"小花说："你应该谢谢自己。"

"这是为什么呢？"小葫芦百思不得其解，小花说："应该谢努力的自己呀！"

这就是"走神大王"浩然的脱帽记。

我还是小雷锋 ——卓锟

卓锟笑的时候，很像一个小女生，眼睛偷偷地看你一眼，然后用一只手遮着嘴，不出声地笑一笑，眼睛弯成小月牙一般。他白净的脸上长着一张不爱表达的小嘴，但是他不是一个普通的男孩。

一年级春游的时候，全班孩子们都加入了这次春游活动，他在介绍家庭的时候，害羞地拿着大喇叭，发出的声音还是小。出发了，人群在减河边上前进着，这个孩子总是在爸爸和妈妈身边，舍不得离开。"卓锟，你该把外套脱下来了，今天天气真好！""老师，我不热！"当我看到他脸蛋红红的，劝他把里面的厚衣服脱掉时，妈妈偷偷地告诉我，因为妈妈认为天气冷，让他里面穿了一件厚厚的大绒衣服，没有准备其他的衣服。

学查字典的时候，我为了让孩子们感受字典带来的魅力，在班级举行查字典大赛，可以说这次比赛让这个腼腆的孩子崭露头角。查字典大赛开始以小组为单位实行组内淘汰赛，然后再参加班级淘汰赛，最后是难度提高赛，可以说是竞争激烈。在组内和班级淘汰赛中，卓锟稳扎稳打，步步为营，顺利地进入了查字典难度提高赛的赛程。参赛选手在教室前面的赛区紧张地查着字条上的题，个个认真地写着答案。没有抓住机会的孩子，在下面也屏住呼吸，比赛场面一度白热化，八个选手都想争夺冠亚军。一个个孩子相继完成了，卓锟还在低头忙碌着，我替这个不善于表达的孩子捏了一把汗，终于他举起了小手，示意已完成。我看看名次，他的成绩排名第五，真为他这个平时不太爱参与活动的小男孩感到高兴。

有一天早读，他手里拿着一大包文具，有铅笔、橡皮，各种颜色的一排排的，橡皮都是考试专用的橡皮。他把文具递给我，轻轻地说："老师，这是我姥姥给班级买的奖品。"我看着这包文具，沉甸甸的，说："谢谢卓锟。"他朝我微微一笑，说："不客气。"在他转身的一刹那，脸上洋溢着自豪的神情，我知道这个懂事的孩子内心准是在体会为班级做贡献的集体荣誉感。

　　善良的人总是做着善良的事。一个周末的中午，微信上来了一条短信：费老师，你好，我们给班级买了台打印机，刚才卓锟领我放到了教室里。一直以来，我们全家都对费老师的教学能力及敬业精神敬佩有加。异地工作条件不便，班里活动参加甚少，感谢老师的理解。今天能为班级做点事情，我们感到非常高兴。卓锟说做好事不留名。我也觉得只要给班级带来便利，我们就很高兴，咱们就不要在班级群里说这件事了……

　　一个不到十岁的孩子，就有这样的想法，为卓锟的想法和做法感动着，为他全家人的支持和理解而动容。

　　"一滴水只有放进大海里才永远不会干涸，一个人只有当他把自己和集体事业融合在一起的时候才能最有力量。"——雷锋

德才兼备高明泽

　　夏天的一个夜晚，我去董子文化街的繁露广场锻炼身体。正在做压腿动作，这时一个小男孩跟随着一位老人，在周围花坛的石头上蹦来蹦去，嘴里还不住地说着："姥姥，怎么赵文哲还没有来呢？"我闻声看去，这不是我班的明泽吗？我朝着他喊了一声："明泽，你今天和姥姥出来玩了？""费老师，你怎么在这？"他很惊讶地问。"我只要有时间都来这里锻炼身体。"他看看我在那里压腿，停止了蹦跳，走到我压腿的杠杆前，轻轻地一抬他的小脚就和我的大脚靠在了一起。那样子好像在挑战我似的。听他姥姥说，这个孩子练武术已经好几年了，在武术馆里和教练学了不少功夫。好多同龄人受不了的苦他吃得了，再难的动作他都努力地去完成，经常参加比赛，取得了不少荣誉。

　　九月，学校刚刚开学不久，班级就接到了路队比赛的通知，孩子们都努力地练习着起步走、左右转法。这次比赛唯一的难题是班级路队比赛过程中要有创意。怎么才有创意呢，我在思考怎样解决这个问题的时候想起了和我PK压腿的明泽。我和班主任段老师说起这件事，我们一致赞同："就让他来段武术表演，给路队比赛锦上添花。"

　　其实那几天，明泽的身体不太舒服，当我们把想让他单独表演武术的事告诉他时，他很爽快地答应了，说要展示武术棍。下午就拿来了他的武术棍，在路队比赛的一个环节中展示。随着播放的音乐，他从容认真，招招到位。

"啪——"的一声，武术棍在操场的红砖上弹跳起来。明泽还是继续他的表演，一轮过后，他走到我面前说："老师，我的手流血了，刚才使劲太大了。"看着出了血的手，我说："我去办公室找创可贴去。不要再练了。""没事，这点小伤，我没有问题。"几天以后，在班级路队比赛中，因为有了他的精彩表演，我们班荣获了第一名的好成绩。明泽在本周的周记里记录了这次比赛。妈妈的周记评语是这样写的："为了短短一分钟，孩子也拼了：晚上，教练编排了一套动作，孩子觉得不妥，亲自编排，一边比划，一边若有所思的样子，力争把所有精彩的动作都融入其中，展现给大家……练习时一遍又一遍，大汗淋漓，上气不接下气，身体不舒服还在坚持，练完回到家快 10 点了，趴在床上秒睡……"在他身上我深深地感受到"少年智则国智，少年富则国富，少年强则国强……"

升入二年级，明泽的周记总是和其他孩子的不一样，"惊心动魄""迫不及待""令人难忘""无微不至"……好多词语感觉和他的年龄和阅历不太相符。每次写周记，他的切入点也和大家不同。最近流行性感冒袭击着整个德州市，这个平时看着壮壮的大男孩也被感染上了。妈妈在家里尽心地照顾他，为此，他写了一篇周记："我吃了退烧药，妈妈不停地让我喝水，喂我各种各样的水果，还用酒精一遍一遍地擦拭我的身体。妈妈让我钻进被窝，紧紧地搂着我。我依偎在妈妈的怀里，想着妈妈无微不至地照顾我，心里酸酸的，暖暖的……"这个孩子，感情世界还是蛮丰富的。

他轻轻地递给我一张纸，微笑着说："老师，我做了一首诗。"只见纸上写了两首诗《家》《学习法》。其中《学习法》是这样写的："学习求朗读，热爱好学者。追求中国梦，业精于勤劳。"虽然明泽不懂押韵、平仄、对仗，但是小小年纪作诗热情高，内容选材上都是满满的正能量。"太厉害了！会作诗！在你的名字前面写上现代，这样就知道你是现代诗人了。"我夸完他，又补充了一句。这几天他又让我欣赏他的另外两首诗《千里瀑布》《花草之美》，当然上面注明是现代诗人高明泽的了。

今天下了第二节课，明泽走到我面前，很疑惑地问："老师，我怎么晚上在董子文化街那里看不到你了，你是不是不去了？"

"你什么时候去的，没有看到我。"

"我周末写完作业，晚上找你去了。"

"现在天气冷了，我周末一般都是下午去那里锻炼。"

半年已过，这个小家伙还记得那个夏日的夜晚。

"小诸葛"津锴

一年级的小屁孩，有的孩子认字特别多，当然也有认字寥寥，缺乏学前教育，所以，当开始正式认字学习的时候，就有了明显的差距。班级认字多、懂得多的孩子在学习的过程中就凸显出来。我今天所说的就是——津锴。

在每次课堂上，举手次数最多的就是津锴了，他好像什么都知道，我还以为我问的问题是不是太简单了些。我印象最深的是一天学习部首"金"字旁："哪位同学说一说带有金字旁的字？"孩子们都争先恐后地说："铁""铅""钱""钉"……只见津锴的小手一直举得高高的，"你来说，你认识金字旁的字是哪个字？"他站起来，先拉拉自己的上衣，好像一个小绅士，很注意自己站起来的形象，嘴角上扬，笑着说："老师，我的名字里就有金字旁，'锴'字不就是带有金字旁吗？"他停了停，接着说，"我还知道，'锴'这个字的意思呢，就是很硬的铁。"他带着很自豪的语气，沉浸在很硬的铁的世界里。

这个很硬的铁，名字很硬，身体不很硬。"费老师，津锴不太舒服，请假一天。""费老师，津锴晚到一会儿，打针去。""费老师，津锴感冒了，需要请假两天。""费老师，津锴再请假三天。"……平时生病请假最频繁的就是他了。入冬以来，病毒性感冒又刮起了，也没有放过我们班的娃，上周周一早晨请假的孩子十四个，当然津锴这个很硬的铁没有逃过此劫，"费老师，津锴请假一周。"

因为津锴课堂表现积极，懂得也很多，所以一年级家长会上请津锴的父亲给其他的家长介绍家庭教育的经验。前面的一锴的家长拿着满满三张纸，介绍自己是怎样教育孩子的，头也没有抬就读完了。津锴的父亲手中什么也没有拿，走上讲台，从容地介绍他怎样教育孩子的，我们都很震惊他的育儿经验，他说的最多的是平时孩子读书比较多，他从来不玩手机和电脑，所以孩子也不玩手机和电脑，做错了事惩罚就是今天晚上不让他读书了，所以一般情况不犯错误，不然会剥夺他的最爱。一个人生活在这样嘈杂的社会环境里，要想有这样的一片净土真是很难找的。这就是一个父亲和家庭教育的影响。

这学期在教学《狐狸分奶酪》这篇课文的生字"奶"字时，以前教学好多字有撇这个笔画时，基本上都是先写撇，再写下一笔，这个"奶"字正好是相反的，写下"横折折折钩"再写撇。在课堂上，我和孩子们一起解决用什么方法记住这个字的笔顺。孩子们表达出自己的方法，所有的方法都很牵强，我也想不出什么好的方法，正在左右为难的时候，津锴的小手又高高地举着呢，"'奶'字的横折折折钩就像奶奶弯的腰，她弯得很厉害，就要倒了，所以要把那个撇当拐棍，这样就不会倒了，请大家观察一下，撇像不像一根拐棍？"这个孩子的想象力太丰富了，竟然用一个字讲出了一个故事。

"老师，行星和卫星不一样的，月亮是地球的卫星，你那天说卫星都是人造的，这是错误的。"他很耐心地指出我一天讲故事时说的"卫星"知识的错误。"《水浒传》里的《好汉歌》我也会唱。"

津锴懂得真多，给我一个新的挑战——只有饱览群书，才能少些教学上的尴尬。

大男孩冰松

冰松是我们班个子最高的一个孩子，其实也是全校二年级男生最高的。高高的个子，胖乎乎的脸蛋，身体稍微胖点，却不是那种臃肿的胖，个高为他的胖弥补了不少。

每次站队他总是在最后面，当然放学时候的队伍是按照出教室的顺序站的，所以有时在班级收拾书包利索的时候，也可以充一充"小个子"，过过站在队伍前面的瘾。其实在一年级开学的时候，由于个子高，看着力气也很大，他成为我们班的排头兵，负责举班牌，在路队的最前面引领大家放学，后来他的手臂受伤了一段时间，就把这个光荣的任务交予海涛了。

从一年级入学到现在，冰松上课从来不积极，别人讲问题或读课文时，他总爱倾听，偶尔举起手来，举的次数也是有限的，"会倾听也是一种能力。"他总是认真地听别人讲。昨天讨论《三国演义》的时候，他把手举得很高，看来是他感兴趣的话题了。

他是一个爱读书的孩子，妈妈曾经在家长会上说他每天都在规定的时间内读书，在知识的海洋里遨游。我说呢，他总是静静的，可能与平时安静地读书有关吧。因为有了安静的性格，妈妈说他平时还特别爱钻研。在家里爸爸做些手工活或者修电器的活，他总是爱掺和，动动手，动动脑，和家长一起解决问题。我知道了他的这个特长后，甚是欣喜。一年级我们换了智慧黑板，大屏幕的展台总使用不好，我手忙脚乱地点着大屏幕，坐在班级后排很少说话的他，在座位上大声说："老师，点一下加号的键就是放大，我们后面的就能看清了。"我把他叫到讲桌前，他手把手教给我，他还教了我好多展示台的知识，怎样挪开图标，怎样写字，怎样改变线的粗细……就这样，把我这个笨笨的"学生"教会了。网络工程师来班级教我如何上网，我就马上想到冰松这个孩子，"冰松，我们一起学。"工程师给我们讲解完上网连接平板电脑的步骤，又操作了两遍，冰松就可以熟练地掌握整个步骤，我打心底里佩服这个孩子。第二天，我提前给他说，上语文课前的课间帮我把班级的电脑和我的平板连上网。上课的时候，我的平板和电脑相连，整堂课很顺利地完成了。

冰松在学习上也是一个稳妥妥的孩子，每次作业和考试都是满分，他做题时候总是沉浸在里面。一次，我批阅他的家庭试卷，发现了两个错误"张灯结彩"的"结"的读音，还有"被"字在一句话中少了一个点。当我指出时说："这两个题错了，拖了你的后腿了。"他的脸一红，说："老师，我以后要更认真，多检查几遍。"在那以后，这种错误几乎没有在他身上发生过。

"因为我是男子汉，男子汉不能轻易流泪。晚上，刘忠权和他妈妈到我家道歉，因为他是我的好朋友，所以我原谅了他。"当冰松读着他的周记，我又被他的大气感动着。如果不是看到他的周记，真不知道是怎么一回事。大体是这样的：下课，刘忠权不知道为什么猛推了冰松一把，他的头碰到了教室后面橱子的钥匙上了，当时冰松很生气，强忍着疼痛，坚持到放学，当时他没有原谅刘忠权的这一行为。晚上，刘忠权的妈妈知道了，领着孩子到冰松家登门道歉。

这就是我班的大男孩。我希望他在语言表达上有所改变。老师看好你，加油！

"羊皮大衣"大炜

在开始接触到这个孩子的时候，总是想，不知是大炜的家庭教育得法，还是学前教育很给力，致使他成为一个这么懂礼貌的孩子。"老师，您早！"早晨早读一见面就问好。"老师，您辛苦了！"当我给大炜当面批阅完作业后，他总是说这句话，还会轻轻地向后退一步，眼睛看着你，然后给你深深鞠一躬，绝对是 90 度的。对于他这种有礼貌的表现，我感到很是惊讶，所以总是不忘表扬他，表扬他这种行为的话自然常挂在嘴边："大炜真有礼貌！""大炜，太有礼貌了！"

每次大炜进办公室拿作业或送作业，总是先轻轻地敲一敲办公室的门，允许进来以后，把门再轻轻地关上。看到办公室的老师，都会一一问好："老师好！老师好！老师好！"这是三个老师在办公室里办公，如果是五个，你就不用再多想了，一猜就能猜到了，要再加两个"老师好！"了。

大炜经常被老师夸奖，在班级人缘比较好。开学不久，一年级新生就发展新少先队员，学校规定每班的入队人数为二十个。因为班级的孩子们从入学到十月底，每个孩子都在积极地表现，所以让谁入队，成了一个难题。这时候想到用班级投票的方式，由学生选出两个月中孩子们心目中的优秀者。那天，请了几个家长参与投票活动。因为孩子们基本不会写字，便采用全班孩子轮流上讲台，下面的孩子用举手的方式进行表决，就这样，孩子们心目中的优秀者在紧张的唱票中进行着比较，最后大炜全票通过，得了全班第一名的好成绩。大炜平时给孩子们做了礼貌待人的榜样，在孩子们的心中是好样的。这就是榜样的力量。

上课的时候，大炜也是延续着他的礼貌。一次，我上课的时候，有个孩子没有认真听讲，在那里摆弄着自己的手指头，还时不时地放在嘴里吃上一口。我停止了讲课，批评了那个孩子的行为，当时心情不是很好，大炜看到了对着那个犯了错的孩子大声说："你这样做事是错的，我们不能惹老师生气。老师，您千万别生气，我想他会改正的。"听了这个小孩的劝告，我心情好多了，一个这样小的孩子，竟然这样体贴。

升入二年级，晚上放学后家长不再帮助孩子们打扫教室，所以打扫卫生这件事就落在了孩子们自己的身上。从开学到现在有十几周，每四个孩子是一组，轮流打扫卫生，擦黑板。有时候黑板不能及时擦，我上课时先到班级擦黑板再上课，提醒了一周还是老样子。有的组一天下来擦黑板的抹布都是干的，一丁点劳动的意识都没有，还有的组的孩子放学后飞快地跑走了，比不是值日生的还要快，这帮小孩，不知道值日生是干什么的。

本周轮到了大炜组值日，一进教室，黑板擦得一尘不染，一个孩子擦着黑板，旁边还有一个孩子等着洗抹布。这周才看到什么是值日生。放学了，我在班级组织放学，这时候，大炜组的值日生都留下来，每个孩子分工检查，很认真地检查桌底的卫生，还拿着扫把扫着。"周大炜，怎么你们扫起来了？""我今天给我们组的组员说了，不能让老师再操心了，她很辛苦。所以今天的地我们扫，您就别再扫了。"看着他不停地打扫教室的每一个角落，心里暖暖的。

都说女孩是妈妈的"小棉袄"，而在我的眼里，大炜就是老师的"羊皮大衣"。

调皮的忠权

送走了一届毕业生，我被通知再从一年级教起。上一届的一年级，我经过半年的时间才适应过来，所以不知道这次教一年级我用多长时间才能适应。从高年级下滑到低年级，对于大多数老师来说就是从天堂到地狱一样。高年级好多事不用你去操心，学生就把事情做得很漂亮，让你满意，而低年级就要从头开始，对于一年级该做什么，他们所有的认识几乎就是零，所有的事都得从头手把手的教起。

学生如此，家长也是才接触，这个班的家长大多数都是八零后的，年龄小我好多，有些事必须交代清楚。第一次接触忠权的家长，是忠权上幼儿园时，在一个朋友聚会的时候聊起过，彼此印象不是很深，只知道他有一个儿子。

即将开学，由于电子书包班是学校新组建的特色班级，学校把这个班的墙重新刷了一遍，桌子和凳子以及后面的书橱都和普通班不一样。当我和王老师一起走进这个班时，映入眼帘的是满教室一地狼藉，桌子和凳子上的尘土以及地面上留下的涂料，靠我和王老师俩人收拾两天也完不成。王老师就打电话联系学校附近的家长来帮忙，其中就有忠权的父亲。

午后，阳光不太强烈了。家长们拿来打扫的工具，一见面，忠权的父亲就叫我嫂子，我一边和他聊天一边努力地回忆着，渐渐地想起了那次聚会，"忠权是一个很调皮的孩子，你得管严点，从小就不怕其他人，唯独怕他妈，只要他有错，他妈妈就揍他，不严厉是管不了他的。"从他父亲的言语中，我对忠权的第一印象是：调皮。

开学了，通过几天的接触，这个孩子总的表现还是不错的，上课很认真，积极回答问题，读课文也有感情，当领读老师声音洪亮，写字也很好，样样都是表率。唯一的不尽人意是说话的时候，他总是有些紧张，磕磕巴巴，我安慰他："说话慢一点，别急。"

"老师，我在那里玩得好好的，忠权他在楼道里用手打我后背一下。"佑戍很生气地来告忠权的状。"我没没有！他也打我了！"忠权还理直气壮地辩解。"我有证人，和我玩的都是我的证人。""我就……就是没有。"

佑戍把当时在楼道里玩的来龙去脉给我说了一遍，并把他的证人也叫到我身边来说明。看来是忠权的错。我把佑戍支走，对忠权说："是不是楼道里小朋友都在玩，没有和你玩，你碰了佑戍一下？"他看着我，不说话，看来有那个意思了。"男子汉，做了就做了，没有做就没有做，做了，伤害了别人，自己错了，就得主动道歉，这才是男子汉……"他低下了头，小声地说："老师，我错了。"我又反问他："错了，应该怎样去做？""我给佑戍道歉去。"说完，一转身走到了佑戍的位子上。看着他的背影，我心想，虽然调皮，还是敢于承担责任，是个小男子汉。

"我和我小姑、我弟弟一起到河边捞鱼。鱼儿在水里游着，就是离我远，它们不到我的网里来，就是捞不到呀。我灵机一动，脱下鞋子就下了水，让你们这些鱼儿跑，我就到水里捞你们去……到了家，妈妈看到我这样，知道了事情的经过，挨了一顿打……"周记内容写得是惊心动魄，看完他的周记，我都为他捏把汗，真够危险的，这顿揍如果能让他长长记性也是值得的。

调皮是孩子释放天性的表现，能够释放自己天性的生活，就是最好的生活。

不一样的来贺

来贺到学校一年级新生报名那天就出名了。这天从学校会议室报名处到操场，排了长长的队伍，里面就站着大大的眼睛、白白净净的他，当然还有和他一起来的父亲。随着队伍一点点向前，终于轮到了他。每个报名的孩子都要回答我们学校老师提出的几个简单的问题，这也是每年的学生入学报名的程序。

"你叫什么名字？"他只是用大大的眼睛看着问他问题的老师。看着就是答案了。"你住在哪里？""几岁了？"一连串的问题问向这个大大眼睛的男孩，还是默不作声，还是只用眼睛看着。"怎么了孩子，知道吗？"他又抬头瞅瞅一直在看着他的爸爸。"快说呀！"父亲用手拍拍他的肩膀，很着急地催促着，"儿子，快回答！"

旁边的老师和父亲是干着急，直到老师把孩子的信息登记完了，他也始终没有说一句话。后来听其他同事说，他的父亲看到儿子不如意的表现，在学校门口狠狠地揍了他儿子一顿。

一年级新生分班，来贺分到了我们班。他坐在教室的第一排，眼睛大大的，白白净净的，也不说话，只是用眼睛静静地看着你。"张来贺来认这个字。"他的屁股慢慢地离开凳子，歪着身子，嘴巴终于发出了一个音："我——"真没有想到，在大家开火车认字这个活动的带动下终于发声了。"声音再洪亮些，让大家都能听到你的声音。"他又用大大的眼睛看着我，"大家都在等着你的进步，大家给他掌声鼓励。"孩子们也感受到来贺的进步，给他用掌声鼓励。他鼓足勇气念了出来："我——"，声音大了不少，大家都为来贺的进步而感到高兴。

下课了，他自己在楼道里转圈圈，脸上带着笑容，自己沉浸在转圈的世界里。

学校组织全校师生看电影，孩子们在楼道里排好队，因阶梯教室里的固定凳子有限，我们班接到通知需要孩子们自己带凳子，大家都站好队，在楼道里等待出发的口令。这时队伍里有个特别大的声音传到了前面来："看电影去了！"随着声音找寻，原来是来贺，只见他摇晃着脑袋，眼里闪着兴奋的目光。

这天有人联系我们班需要协助拍某银行专题片。下午大家都做好了拍摄准备。来我们班级拍摄的有五六个工作人员，动用了两架摄像机，一遍又一遍地重复拍摄，我和孩子们也有些疲倦了。这时一个工作人员说："老师，我们都休息一下，我看孩子们都累了。"工作人员又提醒了一句："这个摄像机别碰着，注意安全。"孩子们终于可以休息了，刚刚离开座位，几个孩子就把刚才工作人员的话当作耳旁风了。围着那台大一点的摄像机，稀奇地看着，议论着。一个小不点的孩子，使劲往里钻，伸出小手迅速地摸了一把镜头，然后露出掉了好几颗的牙窟窿嘿嘿地笑了两声。在旁边的工作人员看到大声说："你这孩子怎么用手碰镜头呢？"坐在椅子上休息的我，马上看过去，一看是张来贺。来贺是上课一个样，下课一个样。

他这种判若两人的不同表现，后来和他妈妈交谈时才知道，因为父母经常为了工作出差在外，他从小和奶奶生活在一起，孩子所有的事情都是奶奶一手操办，父母缺失了很多陪伴孩子一起成长的时机，造成了他的这种表现。了解了来贺的情况后，我经常提问他，发现他有进步就及时表扬他，鼓励他，现在的来贺和以前大不相同了：上课话多了，也主动找小组的同学交换周记了，小作文的内容记录生活的点滴。在他的文章里，读出了不断进步的来贺，愿来贺的表现越来越好。

"小迷糊"文哲

开学后的一个月，文哲的迷糊就显现出来，总是丢三落四的，铅笔、橡皮、尺子、桌布没有带来或者找不到了……甚至连自己的名字有时也写不全"赵文"或者"赵文折"，不过"赵"倒是没有写错过，看来是祖宗的姓不能写错呀。大家可想而知，在平时的写字练习中他写的字得错多少个呀，所以我给他起了个外号"小迷糊"。

文哲在学校这样的表现，父母管起来也是头疼。他妈妈来学校接他，与我攀谈起来，妈妈是一个很直率的人，简单聊完天，话题直奔自己管孩子的烦恼，孩子上了一年级，和幼儿园时完全不同，她不知道怎样管孩子，怎样去辅导孩子，感觉自己没有办法，我开导她，什么事总是有一个过程，孩子学习大人也要跟着学，这样就不会丢掉课程，也容易和孩子一起交流，一起进步。慢慢地发现，孩子比以前进步多了，上课回答问题也积极了，但是迷糊这个老毛病还是在他身上赶不走。

一天晚上，我在外面锻炼，文哲妈妈看到了，又一起聊起来，当然交谈的内容离不了教育孩子的话题。"文哲奶奶也是一名老师，现在已经退休在家，他奶奶教书也很认真，她教的班没有考过第二的时候，可是对自己孙子的要求和对她班上孩子的要求就不一样了，总是说，孩子还小，学着怪累的……"这就是奶奶级别的管教，这就是从古至今的隔辈疼。

最近，我对文哲的看法有所改变。一天上课，我们在课堂上讨论读书，说起我们国家有四大名著，二年级的小孩子竟能毫不犹豫地数着手指头把四大名著说了出来，让我甚是惊讶。这时，坐在最前排的文哲举起他的手，眼睛里闪着光，看着就知道他还知道一些内容，"老师，我还知道《水浒传》的鲁智深。""鲁智深有什么故事？"我追问着。"他倒拔垂杨柳！"他的回答是那么坚定。"在哪里倒拔呢？"他毫不犹豫地答道："在一个菜园子里。""他为什么去菜园子呢？""他被派去看菜，那里有偷菜的小偷。"看来真难不倒他呀，我又问他："为什么鲁智深要拔垂杨柳？""因为有小鸟叫，影响了他们的心情。"一连串的问题，根本没有难倒他，在我心里敬佩之情油然而生。第二天早读，好多孩子把家里有关四大名著的书带到学校来，这是什么情况？这就是影响力！

读书交流会上，文哲又崭露头角。《兔子坡》这本书是美国作家罗伯特·罗素写的，自家后园为他带来了灵感，创造了一个完整、鲜活、趣味盎然的世界。里面的小主人公小乔奇是一个勇敢、乐观的兔子，还有足智多谋的阿那达斯叔公，这本书传递的爱及正能量，获得美国纽伯瑞儿童文学奖金奖。我们讨论着阿那达斯叔公留给我们什么？"有好时光，也有坏时光，但未来总是充满希望，年少雀跃的心总是想着阳光。"文哲阐述着自己的看法，"在他的话语中我感受到了什么事都能过去，不要有太多烦恼，遇到困难你要看到希望……只要你努力了，成功就离我们不会太远。"

这时的我，除了佩服还是佩服，"小迷糊"已不再属于他了。

新学生嘉琪

开学后一个月，班上转来一个女孩子，她叫嘉琪。这个孩子个子不高，皮肤微黑，说话声音很小，这是和她初次见面给我留下的印象。其实印象最深的是有一句妈妈的话，"嘉琪数学还好，语文很差。"作为一个语文老师，我真不太喜欢这话，我喜欢"孩子在学校里表现很好，学习也很不错。"虽然这样想，但是既然来到我们班就是我的学生，我应该像对待其他孩子一样待她。

我们语文每讲一课，与课文相应的练习册都要做一做，巩固一下孩子们对课文知识的学习。因为她转学晚，从原来学校带来的练习册只有《导学练习册》，没有其他的了，所以做练习的时候，她就在课堂上把自己的《导学练习册》拿出来做。孩子们都在做练习，我在班上巡视着，把脚步停留在嘉琪身边。她低着头，用力地握着铅笔，书写的字东倒西歪，做题很吃力。我轻轻地俯下身子，看着这个孩子的字体，可以说根本写不出字体。我把她的《导学练习册》拿起来，翻了翻前面的内容，好多题都是空的，甚至以前学的也是如此，更令人惊讶的是一点老师批阅的痕迹都没有。我这是第一次看到这样的练习册，对于孩子为什么在语文上吃力，似乎也找到了一丝答案。

嘉琪转入班级的时间不长，就很快和班级的好多孩子交上了朋友，有时也到我旁边来说说话，声音也大了。上课的时候，尤其是每节的写字课，我总是站在她身旁讲解每个字的书写要领，有时在她课本的田字格里示范。

她也是一个很有灵气的孩子，不几天，嘉琪的字就变化好大，不再是歪歪扭扭了，书写的字干净了许多。我经常给她指出哪个字写得好，哪个字需要改正笔画，她每次听完了，都是先擦掉后，再重新写一遍，改过后总是和教写的差不多。

导学训练的作业也发生了很大的变化，错别字少了，书写的字工整了，小作文的内容也有自己的看法了，包括妈妈对她的关心在小作文上也能显现出来。课后，孩子们写完了导学，排着队等着我批阅，"王嘉琪，变化太大了，我都不认识你的字了，这次的题又没有错，老师给你点赞！""嘉琪的听写这次没有错，继续努力！"她眼睛看着我，好像一次又一次的充满力量，转身的一瞬间满脸是自信！我想这就是遇到了欣赏她的人，她在学着接纳，在接纳中不断地成长，不断地进步……

前段时间，我们班组组织讲课，嘉琪妈妈积极报名，来听我们班《豆蔻镇的居民和强盗》的读书交流会。在这堂课上，嘉琪虽然只回答了一个问题，但是这个问题给她带来的更是人生重大的改变，自从转入我们班，她从来都没有主动举过手，这一次是第一次主动举手。应该是妈妈的到来给她带来了勇气。这堂课的教学给嘉琪的妈妈留下了很深的印象，更给孩子带来了前所未有的快乐。如今的嘉琪每堂课都在举手，不再是那个怯怯的小姑娘了。

祝愿嘉琪在成长的路上遇见更美好的自己。

我的两个学生都叫士成

十几年前班里有一个学生叫刘士成，现在已经是成家立业的年纪了，上学的时候他是一个个子很高的孩子，平时在学校不怎么善于表达，上课的时候也很少说话，但是学习成绩没有落在班级的后面，一直是非常憨厚，偶尔能看到他脸上的微笑。如果让我想一想他当时的模样，现在已经模糊了，时间的记忆里找不到这个孩子清晰的容颜。

碰巧的是去年接一年级的时候，班里又来了个叫士成的孩子，名字是一模一样，更巧的是他俩都是一个小区的，都是来自一个刘家大院。当我第一次看到班级花名册的时候，首先被这个名字吸引了，触名生情吧。第一节课上，第一个就点了他的名字，第一个就想认识他。这个小士成和那个大士成长得不一样，小士成是浓缩版的，个子小，眼睛小，手脚小，脑袋小，接触时间久了，才发现还有完全不一样的性格，这个更爱表达自己，总是有自己的想法，总有出乎意料的惊喜。

　　小士成上课的样子是可爱的，全神贯注地用他的小眼睛盯着老师，如果讲课的时候，你不知不觉走到了教室后面，就会发现他的头也会随着往后，跟着一起转着。渴求知识的他，不住地在赞美中成长。当然这样的孩子学习成绩也不会很差，别看个子小，学习成绩一直是在班级领跑。

　　一天，我刚到班级，他轻轻地走到我面前，皱着眉头说："老师，我不想和文哲一个位子了。"我很惊讶，说："怎么了？你俩不是挺好的吗？"他把语调抬高了一点，仿佛让自己更有理由，"他上课老是影响我学习。"小小年纪就知道这个小道理，"文哲学习不太好，同学之间都是要互帮互助的，就像我帮助你一样。"他点了点头，转身走了。后来我把他们两个调开了，原因却是和他说的差不多，上课的时候我发现他们你拽着我的手，我狠狠地抓住你的手，却装着一本正经听课的样子，两个人在桌子底下谁也不让谁。两只手之间是一块橡皮，"老师，这块橡皮是我的。"文哲先开口，"他都给我了。"小士成反驳道。"我又不想给了，你得给我。"文哲不甘示弱。"文哲，既然把东西给了别人，已经送出了，说明你当时想好了，就不要反悔。"我努力地协调着，又在讲桌的小盒子里找了一块特别好的橡皮，递给文哲："这个老师送你了，就把手拿开吧。"他们终于松开了手，当我拿着看他们争夺的那块橡皮时，橡皮满身都是汗液，不知道他们在手中攥了多长时间了。

　　刚刚上完美术课，第二节就是语文课，我拿着课本迈进教室的那一刻，他便走到我身边，掌心里有一个圆圆的橘黄色的小球，小球上有一个绿色的装饰，看上去很是漂亮。"老师，这是我美术课上做的，送给你！""谢谢了！"我的大脑中马上显现的是上节美术课他做这个小球的样子，以及在小球上的用心。这天又上完美术手工课，他手中又托了一个圆圆的小盘子，上面是五颜六色的小小球，"老师，这个披萨送给你！"我轻轻地接过，笑着说："今天我就吃你做的披萨了。""老师，这不是披萨，这是一支笔，你打开，闻一闻，可香了！"我打开这个袖珍的玉米笔，闻了闻，"谢谢了！真香，这香味还挺好闻呢！"

　　元旦联欢前一天放学后，小士成和妈妈一起留下来装饰教室，我把"元旦快乐"设计在黑板上，黑板周围的小花边就交给孩子们了，小士成拿着不同的彩笔，写了"2018"，并在数字上画上自己喜欢的图案，那么认真地画着，画得是那么的认真……

"百灵鸟"若雪

今天是 2017 年的最后一天，有些跨年的小激动，对时间的流逝不仅仅是一份感慨还有些无奈，只好在十八岁的照片上找一找青春的味道，所以今天把自己十八岁的照片发到了朋友圈，和大家一起感受时间留下的印痕。

想到小时候，一个"小"的形象在我的大脑中突然显现出来，她就是小不点若雪。小雪是一个爱笑的小女孩，个子可以说是我们班最矮的，说话的声音很好听，就像班级的百灵鸟一样。前几天班级排练课本剧《寒号鸟的教训》时，小演员梦琳和瑞阳的声音弱弱的，声音总是在嗓子里发不出来，她们的台词就几句话，但老是压不住场子。这时候我便想起了"百灵鸟"，让小雪也参与中来。果然，有了小"百灵鸟"的声音，把梦琳和瑞阳很快带进了角色，为这次的课本剧表演增了不少色彩。

小雪的人品也是个顶个的好。来贺是班级学习比较吃力的，后来他和小雪一个桌。每当来贺有不会的题，坐在位置上愣神时，只要小雪发现都会帮上一把。看，小雪又在教来贺认字呢，当来贺全部认过时，她也会开心地走到我面前，像报告天下最大的喜讯一样："老师，张来贺全会了！这次他比上次认得多。"看到同学的进步，小雪满脸的都是笑容，眼睛弯成了小月牙。最近，她的同桌又换成了文哲，帮助同学的好品质依然继续保持着。

每年的圣诞节前都能收到孩子送的象征平安的苹果。周一是圣诞节，孩子们在班级欣赏着周末家长精心准备的圣诞树，一起在圣诞树下感受西方节日的气氛。我讲完课回到办公室，一个大大的红苹果在我的桌子上静静地等着我回来，咦，这是谁给的呢？

大课间，小雪因为最近感冒不宜跑操，所以就来到办公室。一进屋，就走到我面前，笑着说："老师，这个苹果大不大？"声音中带着自豪。"真大！这是你送的了？""嗯，我和妈妈到了超市买的最大的苹果。"原来是小雪送我的。办公室里的一个同事，是小雪爸爸的老同学，这天她也收到了小雪送的大苹果。"我妈妈说了，也要把这个大苹果送给张老师。"她又和张老师拉起了呱，他爸爸在老家哪个学校上的中学，现在在做什么，以及家里的趣事，讲得是那么明白，我在旁边听着，大脑中浮现出《红楼梦》里几个办事利索的丫鬟，袭人？鸳鸯？还是王熙凤相中的小红呢？看着小雪一脸的笑容，听着像百灵鸟般的声音，为小雪的用心感动着。

回家，我把这个大大的苹果和我家姑娘一起分享起来，这个大大的苹果真甜。

小才女康康

"康康，你来回答这个问题。"一个文静又白净的小女孩站了起来，声音总是那么甜美，细细的，柔柔的。这时好几个男孩子提高嗓门说："老师，她不叫康康，她叫田康睿涵。"我反驳道："她的名字太长了，我以后就叫她康康。康康是她的小名，我就叫她小名。"如果当时孩子们没有说她的整个名字，我真不知道她到底姓什么，只知道她的小名和她妈妈的姓一样，那是我们学校的一名很漂亮的音乐老师，姓康名乐——康乐。她总是叫孩子"康康"，所以我们也就跟着叫她康康了。

"康康，这个自然段你读给大家听。"康康轻轻地站起身，端起语文课本，吐字清晰，饱含着感情地读出文章的内容，那声音真好听，把握文字的轻重音也很到位。"没有尾巴真难看呀！康康这里读得真好，我能感受到小壁虎当时很伤心，很想得到一条尾巴的迫切心情。"在课上我总是表扬康康的朗读到位，她给孩子们的朗读做出了榜样。榜样的力量是无穷的，好多孩子在朗读上也下起了功夫。

小女生之间总是爱有小矛盾，一年级的时候这种情况在康康身上时有发生。和她闹矛盾的经常就是老师们的孩子，梦琳和梦琪、可心。梦琳和梦琪是姊妹两个，所以在一起就是一伙的了。可心和康康玩，难免会有小摩擦，"老师，康康哭了！"上课的铃声还没有响，楼道里就来了一群告状的，"可心说不和康康玩了，康康就哭了。"可心也有理，撅着小嘴，眼里含着泪水："康康说她和梦琪和梦琳玩，我就很生气，她仨都不理我了，我也不理她们。"小孩子家闹矛盾是正常的。可心一看三个都不和她玩，就把她仨的水壶全藏了起来。康康找不到水壶了，就哭成泪人了。我只好当和事佬，把她们逗乐了。

几天后放学的时候，她们四个背着小书包像小鸟一样，在楼道里飞过，"可心，我妈妈说放学后给我们留了好吃的，我们一起到我妈妈办公室里去。"

由于康康的朗读水平很高，所以班级排练课本剧《寒号鸟的教训》时就把旁白词这个重担压在了康康身上，由她和冰松共同完成旁白词。在排练的过程中，她揣摩人物性格，绘声绘色地把课本剧描摹的情景，展现在人们面前，"大家小声点，嘘——，寒号鸟来了！"她把声音故意压低，把食指放在嘴边，做了一个不要大家出声、提高注意力的动作，给观众留下了很深的印象。在康康的带领下，同学们积极配合，这个节目在年级组课本剧表演活动中获得了第一名，后来又推到了学校元旦联欢会上表演。

努力的人就会有很多展示自我的机会。在这次学校庆元旦晚会上，康康有幸成了学校元旦联欢晚会的小主持人。这晚康康头发高高盘起，上身红毛衣，搭配小黑下摆裙，黑色皮鞋，在舞台中间特别引人注目。别看她人小，做起这一行来，比大哥哥和老师们的主持毫不逊色，她美丽、大方、端庄，给大家留下了深刻的印象。

愿康康做好榜样，一直走下去，不过，康康是她的小名，我还要重复一下她的名字——田康睿涵。

第一次发烧的可心

今天是元旦放假返校第一天，早晨，我还没去学校就有家长给孩子请假。看来，今年冬天已经肆虐了将近一个月时间的流行性感冒，还是不愿离开鲁西北大地呀！

早上，可心妈妈来短信，说孩子感冒了，晚到一会儿。下午第一节课是我的语文课，若雪在位子上一直咳嗽，我便去教室后面拿来一个大水桶放在她的身旁预备着，说："如果你想吐了，就吐到这个水桶里。"

这时，可心右手摸着额头，皱着眉头，向我走来，声音很低的对我说："老师，我的头特别疼。"我顺手摸了摸孩子的额头，有些热，说："你到我的笔筒里把体温计拿来，我给你量一量。"她走出教室，去办公室拿体温计，一会儿就回来了，我使劲地甩了甩体温计，帮她夹在胳膊底下。可心静静地看着我们读第一单元的生字。估计时间差不多了，我把体温计拿出来，仔细一看，"你发烧了，还很高呀，39 度，抓紧时间喝热水，把你的水瓶子接满水，凉的和热的掺在一起，先喝一瓶子。"可心听了就忙着去教室后面拿来水瓶，在教室前面的饮水机上接着水，然后坐在自己的座位上一口一口地喝着。我抓紧时间翻开手机通讯录，找到可心妈妈的电话，可心妈妈是学校的老师，"小会，可心发烧了，39 度了，赶快给她打一针退烧针。现在喝着水呢。"因为离得近，所以可心妈妈一会儿就来了，可心又往水瓶里灌满了水。我帮助可心拉好拉链系好扣子，望着娘俩匆匆忙忙离开的背影，心里踏实多了。

第二节课英语课还没有下课，可心妈妈又把可心带了回来，放在教室里继续上课了。可心妈妈走进我们办公室里，打趣地说："我家可心是第一次发烧，所以对她来说很是稀奇，刚才没有走之前自己灌自己两瓶子水，医生问她，你想吐吗？她说，什么是吐呢？平时她哪得过病，今天是孩子第一次亲身经历。"看来这个孩子平时身体真好，第一次感受什么是发烧，怪不得听了我让她不停地喝水的话语，一瓶子一瓶子喝呀。

可心也是一个好强的孩子，这个性格和她妈妈差不多。记得一年级第一次语文考试，考得很不理想，她妈妈很着急，跟我说可心在幼儿园里一个题都没有做过，不知道什么是试卷。对于没有做过题的孩子，连考试都不知道是怎么回事的。在回家的路上，可心妈妈问可心，"你知道你考了多少分？""不知道呀。""你考了79分，没有一个孩子比你少。"可心看看妈妈说："不少呀！"对于一个孩子来说，什么是多，什么是少，他们是没有概念的。自从那次考试，她好像知道了怎么回事了，慢慢地这个认为79分考得也不少的孩子，越来越努力，把分数颠倒了过来。现在的小作文写得也很好，每篇周记都是用心在感受生活，我更喜欢可心一年级的一篇周记《纸飞机》。

2017 年 5 月 7 日　　　　星期日　　　　晴

纸 飞 机

这个周末，爸爸也休班，我开心极了！

早上，我写完作业后，看见爸爸给妹妹折了一架大"飞机"，我羡慕极了。

"我也想要。"我对爸爸说。

爸爸笑着说："没问题，我再给你折一架。"

爸爸拿来一张白纸，折来折去，一会儿就折成了一架"飞机"。

我开心极了！"白色的飞机多难看呀！"我想，我又找来了水彩笔，在"飞机"上画起画来。我画了红红的太阳，白白的云朵，还画了一颗大大的爱心，正在上升的气球，五颜六色的，还画了碧绿的草地。最后，我在"飞机"上写下了我家四个人的名字。

我把"飞机"扔向空中。"飞机"起飞了，载着我们全家去旅行！

如今看着她上课努力举着的小手，不服输的样子真可爱。

善于观察的小张飒

　　张飒的样子很是令人难忘，闭上眼睛浮在你面前的是她那甜甜的笑容和笑弯了的眼睛，别看眼睛都笑弯了，眼睛还是那么大，如一汪泉水，把快乐汇入你的心里。有一张春游的照片，张飒的样子着实印在了那一瞬间，她好像是来人间寻找美的天使，把人间的美记录在她的脑海中。

　　张飒的周记就是张飒发现世界和记录世界的摇篮。

2017 年 9 月 10 日　　　　星期日　　　　晴

牵牛花

　　从前天开始，爷爷就在屋里种牵牛花。

　　今天的牵牛花不一样，它很漂亮，它的色彩鲜艳，美丽诱人。它长得像小喇叭，每天早上吹起美妙的音乐。

　　它的茎很长很长，叶子像快乐的小手，它们好像在说："从梦里醒来吧，可爱的小朋友。"

2017 年 11 月 19 日　　　　星期日　　　　晴

小蒜苗成长记

　　现在，小蒜苗成了我的好朋友。

　　我好奇地看着小蒜苗，自言自语："小蒜苗，你的根怎么了？"旁边的爷爷给了我答案："它的根有小包。"我问爷爷小蒜苗的根不会有问题吧，爷爷笑了，说："不是，这是要长蒜。"我又问："小苗的成长过程都是这样的？"爷爷慢慢地说："每一种植物都有自己的生长方式。"我想了想，想到了小蒜苗刚刚种上的时候，说："蒜的成长过程是：种子（也就是蒜瓣）、幼苗、蒜苗、长蒜，长的蒜以后就成熟了！"爷爷说："对了，很多植物的种子是可以吃的。"

　　我心想：我的蒜成熟以后，一定要把它们先洗一洗，然后再尝一尝。

　　植物的世界真神奇！

2018 年 1 月 1 日　　　　星期一　　　多云

　　今天，我的吊兰开了一朵小花。

　　小花还是一个小骨朵时，就比其他花骨朵大啦！

　　小花是白的，花蕊是黄的，大约长 1 厘米哟！

　　告诉你，我是怎么知道的吧！我是吃完饭，正在吊兰旁看看电脑是怎么玩时，有一股香味在我身边飘过，我闻着香味找了找，想知道这股香味是从哪来的，不知不觉中，我来到了吊兰前，它开花了，我的天啊！花开的不全，我在旁边静静地等待，等了一会儿，它已经全开了。阳光照着它，这让它更美丽，它身上发着金黄的光，让它发出更浓的香味。

　　张飒不仅用周记记录她眼里的世界，还用心体会这个世界。

　　这次元旦联欢会，张飒表演的节目是朗诵，只见她拿着话筒，把赞美老师的诗歌发自内心的表达。她站在舞台中间，把每句话语用自己的内心去体会，用自己的语言去赞美。更令我惊讶的是，在她朗读的时候，背景图片是我平时发到群里的班级活动照片以及我和段老师的讲课照片，一张张照片就是一段段美好的回忆。小张飒用这种方式表达对学校的爱，对同学的爱，还有对老师的爱。演出结束了，我深深地感触到小张飒父母的用心，也找到了小张飒的周记为什么都是好文章的原因——一直为张飒答疑解惑的爷爷，一直在周记评语中鼓励孩子成长的父母。

　　也许陪伴是最长情的告白。

　　"你的过去我来不及参与，你的未来我奉陪到底。"——余秋雨

"小棉袄"鸣洋

　　鸣洋是一个在各个方面比较独立的孩子。在家写作业独立，在家的生活独立，她独立的性格和妈妈的工作应该有关，现在我也不知道鸣洋妈妈是干什么工作的，但是有时在朋友圈里发个周末在单位带孩子的照片，看来是没有周末或者偶尔有周末。记的班级一次周末大扫除的时候，要求家长周六下午来班级打扫卫生。周五晚上放学后，我准备去车棚骑车。看到一个女士的背影，她拿着一箱东西正使着力气的上楼。后来看到王丹老师在群里发的信

息才知道，鸣洋妈妈周末没有时间参与，提前给家长们准备了一箱矿泉水。鸣洋的爸爸一直在外地工作，回家的次数也是有限的，爸爸常年不在身边，也许造就了孩子从小独立的性格。

最近，病毒性流感席卷着鲁西北大地，班上孩子们感冒的特别多。这天晚上 9 点多，接到海涛家长的微信，说："最近孩子感冒的多，给班级的孩子们加一些水果，海涛的爸爸刚刚去学校送去了一箱香蕉。"真为家长的做法感动着。第二天来到学校，我想这箱香蕉怎样发给孩子们更有意义。我于是就用听写和上课回答问题等方法让孩子通过自己的努力得到香蕉。在听写的过程中，鸣洋用自己努力在听写中取得了一百分，当然，这天她很光荣地获得了一根大香蕉，我对每个得到香蕉的孩子说："今天的香蕉它的名字不再叫香蕉，它的名字叫努力。它和我们平时香蕉的味道也是不一样的，因为它来之不易。"孩子们格外珍惜靠自己努力得来的香蕉。有的孩子拿到香蕉，闻一闻，一脸的满足；有的孩子一听到下课铃声，就迫不及待地扒开香蕉的那一层皮，开始吃了起来，看着他们的吃相，就能体会到确实味道不同，仿佛一万年没有吃过一样。此情此景引得周围的孩子羡慕起来，都要努力地争取得到这个名字叫努力的香蕉。

晚上，我看到鸣洋妈妈在微信朋友圈里发了一张照片，照片是一张半截的香蕉，照片上面写着：宝贝儿给妈妈留的香蕉。照片更能体现出这根香蕉的意义，她不仅仅提高了孩子们对"努力"的认识，更能感受到香蕉后面的情怀。这更像鸣洋妈妈在鸣洋亲手做的生日贺卡上所写的："没有比努力更有意义的事情了，加油哦！"这也许就是"言传身教"的力量吧。

除了是妈妈的"小棉袄"，也是我的"小棉袄"。我还没有打算去教室上课，这时就会有一个小女生来到我的办公桌旁说："老师，下节课上语文，我来帮您拿水杯吧，语文课本还拿着吗？"自从语文学习委员换成了鸣洋，真是省心多了，没有上语文课前，她总会提前来找你，把课前都准备妥当。"让他们先把课本和生字本准备好，下节你们写生字。""好的。"她爽快地答应着，这样，当你走进教室的时候，孩子们已经将所需物品摆在课桌上了。

鸣洋的妈妈是一个热爱生活的人，母女俩总是把时间努力地拆分，在忙碌的时间里，留下来用作陪伴，"我的年华拥有你，你的生命遇见我，喜欢未来的我，所有有 8 的年纪都有你，这是很美好的事情。"

可爱男生锦泽

　　白净的锦泽是一个可爱的小男孩，声音也很甜美，是一个惹人喜欢的孩子。唯一的一点，书写过不了妈妈的这一关，这也成了妈妈的烦恼，家庭作业一看哪个字不好，就让他重新书写或者擦掉字后再写，由于经常严格要求，孩子心理上有一定的反感，所以效果不是很好。因此，妈妈给他报了一个书法班，孩子的书写进步了。当然，由于书写问题而引起的战争也少了。再加上在学校里我发现他在书写上有进步，就及时去表扬他，慢慢地，锦泽的书写好多了，看着舒服了，真是应了"字如其人"这个词语。最近，锦泽又参加了培训班的书法考级，这更给孩子增强了自信感。

　　前段时间，我们在班级《兔子坡》读书交流中有这样一个片段"在兔子洞里，老妈比以前更担心了，任何事情发生，不管好坏，只要扰乱了老妈平日生活的秩序，就会增添她一份烦恼。目前，这种大骚动造成了空前的狂乱，她想到了随着新人家而来的各种可能有的危险和不快，自己又虚构了一些不太可能发生的困扰，她考虑过可能会有狗、猫或是雪貂，又想到可能有猎枪、炸药、鼠夹、毒饵、毒气等等，说不定还会有小男孩！"这就是母亲的忧虑，总是关于孩子。当我问孩子你知道你妈妈的忧虑是什么的时候，锦泽高高地举着小手说："我妈妈的忧虑是我的字还是没有达到她的要求。"看来，在孩子的心里，妈妈已经把他的书写问题列为家庭重点课题了。

　　在学校里，我记得最清楚的一件事是锦泽"消失"了。那天下午，我们带领孩子们去二楼图书室看书，图书室离我班不远，拐两个弯就到。锦泽在座位上收拾着刚才看的书，又忙着穿衣服。因为体育老师要用我们班第二节课展示体育特色，所以需要提前回来做准备，为了让孩子看书时间长一点，我们利用午自习、第一节课的时间去图书室看书。孩子们都迅速地站在教室门口等着他，我也在教室门口催促着，"锦泽，你先穿，我们先走了。""好的，你们先走吧。"他爽快地答应着。

　　我带领孩子们在学校二楼拐了一个弯，又拐了一个弯就到了图书室。孩子们陆续走进图书室里阅读着自己喜欢的书。咦，时间都过去了十几分钟了，怎么还没有看到锦泽的影子呢？我返回教室也没有人影，这可把我急坏了，锦泽去哪了呢？正当我着急地寻找时，发现在楼道的尽头，他娇小的身子正从楼道的另一边拐出来，他看到了我，小踮着跑到我身边，着急地说："老师，我可找到你了，你们走得太快了，我关上门后，就找不到队伍了。我问了好几个老师，他们都说没有看到你们，又找了一个老师给您打电话，可是没有人接。"听他这么说，我才恍然大悟，我们这是第一次去图书室看书，刚才急匆匆地走了，忘记给孩子交代图书室的位置了，幸好孩子没有出问题。

锦泽还有表演的天赋。课本剧《寒号鸟》需要一只小狗发现躺在冰天雪地冻晕的寒号鸟。经过我和家长的指导，锦泽揣摩人物性格很到位。有几个女生在说话的时候声音小，需要用麦克，而他的声音在校外就能听到，"大家快来呀，寒号鸟冻僵了！"只见他把小手拢在嘴边，朝着小伙伴们喊道。虽然只有这么一句话，却充分把一个善良的小狗的性格表现出来。

这就是可爱的小男生锦泽，希望通过他的努力，可以写好字，理解中能够化解妈妈的忧虑。

高个子女生亚琪

一年级分到我们班的孩子们中，那个高个子女生给我留下了特别深的印象，她就是亚琪。

亚琪是一个重感情的孩子。因为家里有两个孩子，老人又不在身边，父母忙工作又不能同时照顾两个孩子，所以妹妹一直在老家和奶奶生活，亚琪在这边和父母一起生活。当然，除了骨肉的分离，那就是对妹妹的思念了。

在老家的小妹妹要来德州了，作为姐姐很是兴奋。放学后，亚琪干净利落地收拾好书包，站好队伍期待着与妹妹相见。队伍在学校大门口，刚说完"解散"，亚琪已飞快地跑出队伍，抱起在不远处等她放学的妹妹，还亲了一口。看着大姐姐牵着小妹妹的手回家的背影，那就是一道美丽的风景。

后来在亚琪的一篇周记《特殊的一块糖》中写到："回到家，我就发现我的小储物盒被妹妹打开了。我赶紧拿起来一看，一直舍不得吃的一块糖被妹妹这个小馋猫给偷吃了，我伤心地大哭起来。奶奶安慰我说明天再买给我一包。我哭着说'买十包都抵不过这一块糖，因为这是我打扫卫生时王老师送给我的。王老师因为要生小宝宝了不能给我们上课了'。我非常想念她，所以自己都舍不得吃。"一边是老师留下的纪念，一边是妹妹，哪一个对亚琪来说都是非常重要的。

亚琪的书写是班级一等一的好，在她的字典里好像根本没有"潦草"这个词，无论写什么都是那么认真，后来在家庭作业的评语中发现亚琪爸爸字写得很漂亮，终于找到了原因。那天，我在教室里巡视着孩子们抄写生字，当我走到亚琪身边，经常挂在我嘴边的话情不自禁地说出来："亚琪写的字真漂亮，大家的榜样！"她突然停下了笔，看着我说："我爸爸要求我不能乱一点，不然要重新写。"原来是有这样一个严格要求的好爸爸，要是让我手把手的教，也教不出来。这就是父亲的力量！

　　每次班级制作手抄报，都会留下爸爸的"画"迹，在留下的痕迹中就能感受到，当女儿需要帮助的时候，总有爸爸的陪伴。秋天的到来，给我们班级平添了几分热闹，我和孩子们相约秋天，制作树叶粘画。亚琪又用周记记录了美好的画面"晚上放学后，我把收集的树叶都摆放在桌子上，我和爸爸要准备做粘贴画了，做个什么呢？我想了想做个小刺猬运玉米吧！于是我开始挑灰色的叶子，把挑好的每片叶子擦干净，然后在背面粘上双面胶。爸爸帮我画上了小刺猬的样子，我来用树叶粘贴小刺猬的身子，在我和爸爸的密切合作下，一幅精美的树叶画完成了。我拿在手中看了又看，真是爱不释手。"这就是陪伴的幸福。

　　别看亚琪年纪小，总是有自己的想法。观看电影《大鱼海棠》后，亚琪写下了这样的感触"这部电影太感人了，主人公椿让我们懂得了知恩图报的道理。"读完妈妈给买的寓言故事《下金蛋的鸡》之后，告诉我们"不要追求那些虚无缥缈的东西，要踏踏实实地勤奋工作才能过上好生活。"表演课本剧《寒号鸟》后，她又这样鼓励自己"通过这次表演，告诉我们做什么事情都不要懒惰，美好的生活只有通过辛勤的劳动才能得到。"

　　感谢亚琪，因为你带给我们的是满满的正能量。

"没有朋友"的松昱

　　不知道是什么原因，他父母非得让这个不到规定年龄的孩子上一年级。松昱是我们班岁数最小的孩子，在入学籍这个事上费了不少的功夫，花费一年的时间才办妥了，他父母在这一年的时间里没少费劲。但是，这个孩子在班级并不是一个学习或者做事突出的孩子，换一种说法，就是他是一个做事和学习吃力的孩子，在班级交往中也不主动。虽然一直努力，每次考试基本都在后面。

　　在学校，大课间就是孩子们最美好的时光。他们都在学校天井里互相追逐着、打闹着，几个孩子三五成群围在一起做着游戏，还有的孩子围着我说着他们认为有趣的事。这时，我看到天井西面的大门那里，有一个孩子蹲在门口旁，用手画着什么，不知道是谁？我让一个孩子去招呼他。孩子站起来，看了看我，有些胆怯地走到我身边，大大的黑眼睛看着我，没有说话，又低下了头，好像在等着我问他，"松昱，大家都一起玩，你怎么自己在那里玩呢？"我很奇怪。他开始以为是犯了错，一听是这么个问题，他猛地抬起头来，小声说："老师，我没有朋友。""你怎么没有朋友呢，你找他们玩，他们会和你玩的，也不会拒绝的，你看，这些孩子，不也跟我玩吗？"我指了指在我周围的孩子说，"要多和同学玩，时间长了就有朋友。"就在这时，周围的孩子们把松昱围上来，说："走，我们玩去。"说完，松昱就被他们搂着走了。

　　回到教室上课前，我又把这件事当作我和孩子讨论的话题："松昱和大家在一起学习了快一年的时间了，有和松昱是朋友的吗？""我和松昱是朋友。"汶轩的手举着，嘴里的这句话早溜出来了。"我和松昱也是朋友。原来他是我的同桌，他帮助过我，我没有橡皮的时候，他借给我了。"奕彤讲述着曾经松昱帮助过她……"我也认为松昱是我的朋友，我每次看他作业的时候，他总是回到座位上认真地改正，这也是朋友做的事。"我补充着松昱的故事。松昱静静地听着，眼睛里闪着光，这个一直认为自己在班级孤独的、没有朋友的孩子被我们的话温暖着。

　　松昱的态度改变了许多，行为也发生了很多变化。上课的时候总是坐得端正，认真地倾听你讲话，偶尔也会举起手回答你的问题。周记交流课上也会主动找其他孩子交换周记本，有时还会看到和其他孩子交流心得，对于自己平时努力得来的"七色阳光卡"更是格外珍惜。那天我让他把他的周记在课堂上给大家展示，只见他很从容地走向讲台读了起来"我的周记题目是《倒霉的一天》。今天中午第三节课，我得了一张七色阳光卡。放学了，我把今天得到的七色阳光卡和以前得到的卡都拿着，去洗手间洗手。我把那两张卡放在洗手间的台子上。洗完手，我忘记了拿那两张卡，就和同学们走了。我到了家才想起来。我又跑到了学校洗手间里拿，但是我去洗手间的时候两张卡已经不在台子上了。这是我最伤心的一天。我只好空着手回家了。今天真倒霉。"孩子们热烈的掌声送给了这个改变很大的男孩。松昱收起周记，向大家深深地鞠了一躬，说："谢谢大家！"

　　心里有阳光，哪里都灿烂。

"话匣子"驰豪

驰豪这个孩子特爱说，而且他所说的内容都是你喜欢听的，这也许是受他妈妈的影响吧。他妈妈是一个地道的东北人，东北人的最大特点是爱唠嗑，这个优点遗传在儿子身上了，驰豪的妈妈嫁到了山东，到了山东"唠嗑"就变成"拉呱"，所以儿子就爱"拉呱"。

平时很喜欢和这个孩子拉呱。那天刚刚下了课，驰豪走到我面前说："老师，我问你一个问题。""说吧。""你说世界上的鲨鱼有多少种？"我胡乱一猜说："100多种吧。""不是的，有400多种，其中有30多种攻击人类，其他的都礼貌地躲开。"我奇怪地问他："剩下的鲨鱼还很有礼貌。真没想到你用的词真好，我感觉是不是它们怕人类，迅速地躲开了。"他又跟我解释说："老师，真的，有些动物很有礼貌的。"

提到礼貌，驰豪也是一个有礼貌的孩子。一次晚上在小区里看露天电影，大家正看着起劲的时候，突然电影停了，大家都开始惊慌起来，吵嚷了起来，驰豪却很镇定地安慰大家："安静等一会儿就好了。"大家都安静下来，这时候一个抱着孙子的老奶奶走进了人群中，驰豪赶快把凳子让给了老奶奶坐。驰豪给我说，通过这件事，他知道了在公共场合里不应大喊大叫，还要尊重老人。一个不到十岁的孩子的品质如此纯真，我们大人又有几个能做到呢？

驰豪在2018年元旦新年心愿里是这样写的：我过年的时候祝福费老师长生不老，万事如意，年年有鱼，身体健康，少生气。我再祝福段老师少生气，越长越帅，越来越有才。我祝爸爸妈妈少干活，多陪我，别我走了一天你们就想我。不然，我长大离开你们，你们会伤心的。我祝爷爷奶奶长生不老，身体健康，别老把好的东西留给我吃，自己吃就好了，还有你们该吃的就得吃，该穿的就得穿。岁数大了，别乱走，这样就会迷路的，我就会很伤心……

今天中午，他妈妈发短信记挂着昨晚发烧的驰豪，恰好我中午没有回家，拿着体温计去托管教室找他，驰豪正在准备用热水冲感冒颗粒。我走到他身边把体温计夹在他的胳膊下，拿起他的水瓶接上热水，然后又倒在他的小杯子盖里，并嘱咐他多喝热水。"快39度了，我给你家长打电话吧。你这里也没有退烧的药。""老师，我昨天晚上也发烧了，浑身没有力气。"怪不得昨天放学的时候驰豪对我说腿和脚疼，原来昨天是发烧呢，看来医学上的常识还需要去学习的。"你喝完药收拾好东西，去办公室找我，我先给你写出门证去。"我交代好后，刚刚转过身，低着头看药水的驰豪突然抬起头对我说："我估计这个时候妈妈的饭店很忙，他们得晚来接我，老师，你去奥德乐的时候，去我妈妈店里吃肉饼吧，她做的肉饼可好吃了。"望着这个善良的孩子，我笑了笑，说："好的，一定去那里尝一尝，品尝一下你妈妈的手艺。"回到我们教室，我又给他烧上热水，陪他聊了一会儿，他又拿起语文作业说："我还有一点就写完了，我得把作业写完。"

冬日的阳光透过玻璃窗，照着他的后背，暖暖的，他旁边敞开的热水瓶里冒着热气，热气打着滚地翻腾着，努力地向上升着……

小酒窝女生奕彤

"老师，这是我早上起来后写的。"当我走进教室，这个可爱的小女生就会拿着她的练习本走到我面前，让我批阅她自己加的作业，每张作业上的字迹都是那么的工整，每次作业的后面都有妈妈的评语和鼓励，最近快期末考试了，母女俩一起在复习的路上努力奔跑。"奕彤，你的坚持令老师也很感动。你就是我学习的榜样。"奕彤笑了笑，脸颊上的酒窝显现出来，说："老师，我会坚持的，我感觉现在会写的字多了，妈妈也夸我了。"看着孩子转身离开的背影，是那么的坚定，又是那么的骄傲。我总是给孩子们说"有付出就会有收获！"

奕彤总是比别人努力一点点，但是这个习惯是不好养成的。一开始是有抵触的，别说一个小孩，就是大人让多干些也不会乐意的。习惯养成归功于妈妈的坚持。"今天早晨起来本来非常高兴，可是被妈妈批评了。其实我刷完牙，妈妈就让我听写，我非常不乐意，所以妈妈生气了。不停地说我，我不让妈妈说，就这样时间很快地过去了，我们一看表，就要迟到了。我们到了学校，妈妈让我站在大门口，还是接着说我，我哭了，我心想：妈妈，你真狠呀，我以后再也不敢了。"看完了孩子写的周记内容，发现当妈妈的不容易，总是希望孩子进步大一些，而作为她的女儿更不容易，总是希望妈妈对自己要求不要太高。就这样娘俩每天坚持着，我每天坚持着给奕彤批多写的作业，总是表扬她的努力，每天能看到她那可爱的小酒窝。

每到学期末学校都要迎接上级部门的教育督导，今年安排在这周的周二来，学校要提前做好准备工作。学校的卫生就是督导检查的一项内容。所以家长来学校帮助我们大扫除的时间改为周一了。下午放学的铃声刚响过，奕彤就马上离开座位，走到教室后面的工具旁，大声地给她小组的人说："抓紧时间扫，今天是卫生大扫除，一会儿学校的老师来查卫生，张松昱你扫一组，冯梓卿你扫二组，李津锴你扫三组，我扫四组，都仔细着点，把桌子底下都扫干净了……"我站在讲台上，看着她像一个指挥家一样，把自己组的四个同学分成了四个声部，演奏着打扫卫生进行曲。

周一学校检查已提前完成，周五就免了学校卫生大扫除。一放学，奕彤又跑到教室后面的工具旁，继续像指挥家一样指挥着他们的小组成员，"垃圾桶谁去倒？"……"奕彤，你们不要扫了，都回家吧，今天学校不检查班级卫生了，周一已检查过了，我和段老师一会儿帮助你们打扫。今天天气特别冷，别让家长在外面等着了。"奕彤停止了打扫，我以为她要把扫帚送回去，笑着对我说："老师，我不走，今天早上我就和妈妈商量好了，下午还让她来打扫卫生。"可爱的小酒窝又挂在了她的脸上。

她妈妈果然来了，我们一起把班级进行彻底打扫，转眼间，教室里焕然一新。最后又进行消毒。打扫完教室卫生，奕彤背上书包，穿上棉服，妈妈领着她向楼梯走去，远远的，她突然转过身，伸出小手，又笑着对我说："老师再见！"在楼道里，看着她和妈妈离开的背影，那可爱的小酒窝又浮现在我眼前。

卷发男生冷荣铄

小冷同学姓冷，但是不冷。一年级春游时搞了个卷发，觉得就像从国外回来的华侨，我问他谁给搞个这样的头，他很自豪地说："我妈妈以前就是理发的，她在家给我烫的，妈妈说这是从头开始，有一定道理的。"由于这个头型的原因，春游不仅景色难忘，更难忘的是他那头热情似火的卷发。小冷同学总是走在队伍的最前面，步子迈得很大，也很有节奏。大部队一起走了一段时间后，我们这些中老年人跟不上了，就慢慢地放慢了脚步，偶尔有孩子在远处停下来等待，但是大多数都向目的地出发。到了目的地，大家都休息了，这时，小冷同学的卷发用皮筋扎了起来，跑到我身边，忽闪忽闪的大眼睛，那可爱的样子真像从古代穿越到现代的小孩，手里拿着一块包装精美的蛋糕，对我说："老师，给你这个吃，很好吃的。""谢谢，我不吃。""老师，你吃吧，可好吃了！"他央求道，使人无法拒绝。

一年级下册语文课本中有一个单元是关于歇后语的知识，在讲的过程中，我把什么是"歇后语"并把课本上列举的歇后语的例子给他们讲明白，最后我给他们布置了一个课后的作业：自己去搜集更多的歇后语，写在课本的歇后语的下面。这下可不得了了，燃起了他们对歇后语的兴趣。第二天，我刚刚进教室，忽然好多孩子拿着语文课本把我围了起来，那阵势像要把老师烤糊的样子，我让孩子们排好队，一个一个的对付，幸亏课下我也下了点功夫，不然真应付不了。终于挨到了小冷同学，他高高地举着语文课本，怕我看到他要考的内容，眼睛看着我，很神秘地说："老师，我也考你一个，老虎的屁股怎么讲？"我假装不会，思考着，他见我回答不出来，自己抢答道："摸不得，老虎的屁股能随便让人摸吗？它属于凶猛的动物。"他的解释绝对是完美。"我再考您一个，猫哭耗子怎么讲？""假慈悲。"我直接回答道。他眯起他那大眼睛，朝我竖起大拇哥说："厉害！"转过身去，走向同学们，去考别的孩子去了。

学校读书节的时候我们低年级表演课本剧，正好这册的语文课本上有人们耳熟能详的经典故事《寒号鸟》，经过我和家长的改编，在演员上又加了一个医生，通过医生的救治把懒惰的寒号鸟再次救活，并改变了自己懒惰的坏习惯。初步确定由石锦泽演猫医生，荣铄演发现冻僵的寒号鸟的小狗，通过几次的排练，锦泽的猫步总是学不会，旁边的荣铄看在眼里记在心里，悄悄地走过来对我说："老师，我毛遂自荐我演猫医生，上次我演《拔萝卜》的时候，演的就很好，咱班得了第一名，由我来演猫医生没有问题的。"荣铄还知道"毛遂自荐"这个词，真让人惊讶，他满脸的自信，看来心里是有数。果然，在以后的每次排练中，演猫医生的他很认真地走着猫步，带着听诊器救治寒号鸟。

在孩子和家长们的共同努力下，课本剧《寒号鸟》在二年级组比赛中得了第一名，并赢得了大家的好评，真应了荣铄的那句话"有我参加咱班就得第一名！"

在名字中解读梓卿

"梓"五行为木，本意为梓树，在人名中引申出生机勃勃、苗壮成长、自强不息、生命力顽强等含义；一般也取其同音字"子"的含义，表示对孩子的关爱和呵护之意。"卿"字的解释可就多了，共有七个解释，但是对于孩子起名字更倾向于前三个解释：（1）古代高级官名：三公九卿，卿相。（2）

古代对人的敬称，如称荀子为"荀卿"。（3）自中国唐代开始，君主称臣民。通过分析，家人给孩子起"冯梓卿"的名字所含的意义，大家都明白了几分。

梓卿名字里包含着"顽强"精神，他本人也是这样的孩子。一年级的时候，和父母一起爬河北邢台的天梯山。"天梯山"是邢台有名的景点，我曾经在十月一国庆节的时候爬过，山高坡陡，尤其是搭建在山崖上的栈道，直接是在90度的石壁上嵌挂着，人走在上面不寒而栗。他在周记中这样记录着自己爬天梯山的过程和感受"我们先坐船通过了几十米的大洞，洞里有美丽的石钟乳石，各种各样，被灯光照耀着，如同仙境。走出洞口，我们就开始爬山了，山上开满了五颜六色的花朵，长满了绿油油的小草。我拿着爬山杖，爬呀爬，爬到了最危险的天梯上了，下面就是悬崖，但我一点也不害怕，勇敢地走过去。最后终于登上了山顶。山上的景色十分美丽。通过这次爬山，我懂得了不怕困难、坚持就是胜利的道理。"

学校通知九月底全校举行路队比赛，我想既然是一个班集体，就让全班的孩子们都参加，感受一下什么是集体荣誉，大家都为集体添砖加瓦出一份力。每次训练，所有的孩子都在认真地训练着"稍息、立正、向左转、向右转……"对于一个成年人来说，可能认为这是最简单的路队口令了，但是对刚刚升入二年级的小孩来说，大家能做到一致就不容易了。

孩子们训练有一周的时间了，效果也一次比一次好。一天，刚下完体育课，体育老师指着队伍里的梓卿对我说："你发现了吗，这个孩子的嘴总是张开，眼睛不停地眨，很影响比赛的效果。"我看了看队伍中的梓卿，确实频率很高地做着这两个多余的动作，在班级队伍里就很明显，别说比赛了，看着就不协调。我看了看他，走到他身边，心想：最近上课其实也这样，以前没有这样的毛病，不知道是什么原因添了这些动作。作为一个集体，不让他参加，在孩子的心理一定会有影响，让他参加，整个班集体又会受到影响，怎么办呢？我犹豫着。我觉得梓卿的行为是无意识的，只要平时注意就没事。我和他聊了聊，问他知不知道自己最近添了毛病，在脸上一点也不帅，要他尽快改变，他深深地点了点头。晚上放学后，我给梓卿的妈妈发了一条短信，说明了孩子在学校的状况，梓卿妈妈说最近她也注意到了，她会关注孩子，要求他改变的。

最终，在激烈的路队比赛中，我们班的全体孩子都参加了比赛，孩子们个个精神抖擞，很顺利地完成了路队动作。他们不负众望，获得了二年级组第一名的佳绩，在比赛的过程中也有梓卿的功劳，他克服困难迎接挑战，同时也战胜了自己。

而今，梓卿不再有张嘴、眨眼睛的毛病了。"梓"引申为生机勃勃、茁壮成长、自强不息的含义。孩子用行动证明了自己名字的意义，希望在"梓"字的引领下，"卿"字的含义也能够实现。

总想考满分的忻成

忻成最大的心愿就是语文数学都能考满分，每次考完试，都是超级自信，但是每次最终的成绩和满分总是擦肩而过。在考场上，我总是表扬忻成，检查的仔细，"忻成，写完了吗？"他把试卷轻轻地放下，抬头看看我，眼睛里闪着光，很自信地说："老师，写完了。我都检查三遍了，还检查出一个错误来呢。"既然孩子说检查出一个错误来，看来这次就没有多大问题了。这时满分正在和小关同学招手呢。

试卷发下来了，忻成同学举着他的试卷，匆匆地走到我面前，声音很大地倾诉着试卷上的一道题真不应该错。拿着试卷到我这里倾诉是每次都来，记不清有多少回了。每次我都和他分析错题原因，希望忻成同学能从中吸取教训。

升入二年级了，在每次做题和检查的时候，忻成更谨慎了，也看到了效果。这次期中测试考的成绩是前所未有的，语文和数学都有提高，这次忻成同学失误不知道又有哪些错误，希望他在错误中能够反思，在反思中提升。

最近期末考试前复习课本生字词，我们进行专项训练的检测，总共128个词需要看拼音写汉字。试卷发下来了，他拿起笔，认真地拼读每一个音节，有时转转眼珠，有时托着腮帮，接着又提笔继续写，写完后深深地吸了一口气，我在孩子们周围巡视着，他看看我，又继续检查，在旁边的我，也给他暗暗加劲，希望他能取得好成绩。他拿着专项训练题，走到讲台上给我说："老师，看我这次的了。"当我用红笔在他的试卷上大大地写下了"128"时，他期待的满分出现在他的面前，转身离开的那一瞬间，你就能想象到他脸上的微笑。看来这次他课下真是总结出教训，下了功夫。

其实做什么事，态度决定了一切。忻成同学口才是班级一等一的好，表达能力强，有过硬的心理素质，还有扎实的基本功，一年级举行《我是朗读者》朗读比赛时，他就崭露头角，为小组争得了荣誉。在学校二年级组织"妈妈好书推荐"这个活动中，忻成同学有幸代表我们班主持这个活动，从舞台驾驭及节目衔接、突发事件的应变上，给大家留下了很深的印象，他的主持风格得到大家的一致好评。成绩的背后是付出，每周忻成同学都去口才班学习，已经坚持了好几年了，这就是"有付出就会有回报！"

孩子的爱好也不少，最近又去学画画。在画画班，他也是一个突出的孩子。一次，也是很快就画好了，他那里若无其事地坐着等着其他孩子画完，老师走过来对他说："忻成你画的花很好，但有一处还是美中不足。"忻成同学很是纳闷，感觉很好，便问老师哪里美中不足，老师回答道："你美中不足的地方是态度。你不要无所事事一样闲坐在那里。"忻成同学发现了自己的错误，很有礼貌地表示感谢。这件事又一次让忻成同学吸取了教训："爸爸跟我说过'三人行必有吾师焉'，任何人都有值得我学习的地方。我应该虚心一点，下次我一定利用好时间，去寻找别人的优点，把别人的优点变成自己的。"

爸爸对孩子画画这件事这样写到：君子博学而日参省乎已，则知明而形无过矣，何况你现在只是一个小学生，从小做起，培养出正确的品行和习惯，将来才可以走出属于自己的一片蓝天。加油！

今天又进行语文测试了，忻成同学在座位上很认真地做着题，希望忻成同学这次能够取得令自己满意的成绩。

他的名字叫"努力"——海涛

海涛是一个个子比较高的孩子，我不曾见过他的爸爸，我想他个子高的基因可能来自于妈妈，妈妈高高的，瘦瘦的，个头得有一米七以上。

海涛是一个一直努力的孩子。今天早上，刚刚交上晚上的作业，我一个个地批阅着他们的作业，当我批阅到他的作业时，从书写的字迹中可以看出来，他晚上一定很用功，每个笔顺写得是那么的仔细，每个笔画均匀而又美观地展现在你的面前，和前段时间相比，他的进步很大。我回到教室，把他那张作业纸粘贴在黑板上，在孩子们面前表扬他的做法。我看了看海涛，他望了望我，眼睛里充满了自信。

刚刚入学的时候，他只是班级里一个腼腆的小男生，不爱表达，给人印象最深的是他特别爱笑，总是用笑来回应你。不过在2018年元旦联欢会上，他的表现让我叹为观止。他饱含深情地朗诵了一段《我是中国人》。他身穿黑色表演服，里面穿一件白色衬衣，脖子下嵌着一个黑色小蝴蝶结，他稳稳地站在教室的舞台中间，随着背景音乐响起，深情地朗诵着，一会儿声音低沉，一会儿声音高亢，当朗诵达到高潮时，他把手举起，鼓励自己，鼓励大家去努力去奋斗。他的朗诵，打动了我，打动了班级的每一个观众，都被这个平时不爱表达的孩子震惊了，他进步太大了，可想而知，这个孩子在课下下了多少工夫。

最近病毒性流行感冒在班级停留了将近一个月了，每天都有孩子发烧请假不来上课。这天晚上将近八点了，突然我手机微信上来了一条短信：费老师，刚才海涛的爸爸买了一箱香蕉放在教室了，最近班级孩子们感冒的比较多，受累给孩子们分分吧，谢谢了！

第二天早晨，是我的早读，我早早地来到教室里。在教室的讲台上一箱黄黄的、大大的香蕉已经在教室里睡了一晚上了。我利用语文课，根据孩子的表现：回答一个问题，发一根；听写全对，发一根；得到老师的表扬，也发一根……我还给孩子们开玩笑地说："海涛爸爸买的香蕉不叫香蕉，他的名字叫努力。"在发香蕉的过程中，我让海涛给大家发，他把每一根香蕉都是轻轻地掰下来，双手捧着送到得到香蕉的孩子面前，并把笑容送给每个得到香蕉的孩子。我想，海涛今天做这件事一定是快乐的，他把营养和祝福一并送给了每一个孩子。孩子们也是快乐的，孩子通过努力得到香蕉，他们更会分外珍惜。就是用这个方法这一天每个孩子都得到了"努力"。

海涛在学校小餐桌吃饭。冬季到来了，餐厅的门上就挂了两面大厚棉帘子，孩子们每次进餐厅都是打开后就离开，不管后面进来的同学。海涛发现了，自己进来后，马上双手打开棉帘子，高高地举起来，等班级所有的同学进入餐厅吃饭后，再把棉帘子轻轻地放下去。班级的几个孩子也学习海涛的样子，把棉帘子举起来，海涛看到同学们陆续进入餐厅，脸上露出笑容，是那样的灿烂。我又看到了"帮助别人，快乐自己。"

改名字的汶轩

汶轩是二年级改的新名字，他原来叫"李格轩"，不知道什么原因改成了"汶轩"，我猜测是不是本来算命是五行缺"木"，后来又发现不缺了，成了五行缺"水"了？现在也没有问他父母改名字的原因。只是我在班级叫他名字的时候还是常常叫错，孩子们总是提醒我，"老师他改名字了，你怎么老是忘呀！"我总会这样说："原来的名字给我留下印象太深了，舍不得离开我。"渐渐地，我只要想让汶轩回答问题时，就先用眼神看他一眼，然后大脑定格在"李汶轩"上，然后再在嘴里滑出来"汶轩"。这就给我这个将近步入"老年"的人增加了一个小小的麻烦，但是我一定努力克服掉。最近叫"李汶轩"的次数明显增多了。

汶轩的想象力很丰富，就如"汶"水一样。在汶轩眼里妈妈是这样子的："我的妈妈有时候像个狮子一样凶猛；有时候像犀牛一样强悍；有时候又像小猫一样温柔。我爱妈妈！"看来在孩子的眼里，汶轩妈妈温柔少于暴躁。一次小测试回来后，汶轩对我说："老师，我妈妈说了，下次再考得这么少，把我打成稀巴烂。我下次一定要考好。"看来妈妈的话也是有威力的，能够让孩子下定决心下次努力。

汶轩眼里的爸爸是这样子的："我的爸爸连大野狼都不怕，他胖得像熊猫一样可爱。我爸爸吃得像马一样多，可是游泳的技术非常好。游起来的速度像鱼一样快。爸爸和我一块玩的时候很开心，像熊二一样无忧无虑。但是，爸爸也有烦心的事情，爸爸减肥不成功，我相信爸爸只要坚持就能成功。我爱爸爸！"在孩子心中爸爸是超级英雄，胆量赛过大野狼，爸爸的游泳技术是一流的，快过水中的鱼儿，爸爸是快乐的，因为没有忧愁，给爸爸送去鼓励，因为坚持就能成功……有家人的陪伴才是孩子成长过程中最好的礼物。

汶轩眼中的弟弟是这样子的："我的弟弟有时候也很听话，不哭不闹自己玩。他的眼睛很大，脸蛋红彤彤的，小脚丫好小，他的小屁股很红，像小火球一样红。"上面是汶轩刚刚满月的弟弟的样子。有了小弟弟的陪伴，汶轩更是快乐的："我的小弟弟现在很调皮。弟弟一次去洗澡，热气让弟弟的小脸蛋滑溜溜的，红彤彤的。他的小脚丫像小小的树叶，他的小眼睛像小星星一眨一眨，很亮。弟弟越来越胖，小手像梧桐树的树叶，小耳朵像大写的英文字母'B'。我爱我的弟弟。"

汶轩在一个有爱的家庭里，所以爱妈妈爱爸爸也爱弟弟，这就是爱的力量。

汶轩的世界很丰富。汶轩帮农忙的奶奶收玉米，奶奶舍不得买贵衣服，"我要好好学习，长大了给奶奶买很多漂亮的衣服。"看到亚琪的字写得很工整、漂亮，自己也坚持每天练一张字，因为他相信"没有付出就没有收获"；和朋友骑着"宝马车"一起锻炼身体，有时也会吵架，但是"永远是好朋友"；出远门的爷爷要回家了，他高兴得都要跳到房顶上去，嘱咐爷爷要注意身体，祝福爷爷身体健康……

"汶轩的坐姿是最棒的！"上课的铃声还响着，汶轩已经端端正正地坐在自己的位置上等待上课，"汶轩的朗读声音最响亮！"每次早读，他沉浸在课文的朗读中，他的声音总是在其他孩子声音上面飘荡。

一个热爱生活的人，眼中就有生活，他总是把生活勾画得绚烂无比。

粉色女孩钰杰

心理学家分析，在富裕的家庭中长大、家教良好又偏理性的人大多数喜欢粉色。粉色能给人一种温柔的印象，喜欢粉色的女孩子的性格稳重、温柔。钰杰就是一个喜欢粉色的女孩。

钰杰和妈妈一起去逛商场，粉色成了她的主色调。妈妈给她买了粉色的裤子，粉色的鞋子，粉色的发卡，这些都是钰杰喜欢的。如果让我猜想一下，明天我要是去教室里看一看她的书包可能也是粉色的，里面还会有粉色的文具盒，粉色的铅笔，粉色的橡皮，练习本的封皮也是粉色的？她的周围都被粉色包围着，徜徉在一个粉色的世界里。

喜欢粉色的女孩喜欢读书和画画。"周日，晒着温暖的阳光，我开始津津有味地读起书来。这篇《阿弥的秘密》内容写得很有趣！有点童话故事的色彩……月亮的光芒如一束电光汇集在一起，笼罩在阿弥的身上，同时，彩色的树上的彩色树叶也绽放出道道彩光。头发变得又黑又亮，眼睛灿若星辰，嘴唇变得像花瓣一样润泽，牙齿像贝壳一样闪亮，阿弥的声音像宝珠落在玉盘上一样动听悦耳……"

班级接到了学校的装饰教室的任务，我们班就以"文明在行动"为主题。我们在教室北面墙上设计了"文明列车"，火车头带动火车厢，孩子们都在火车厢上写下不同的"文明语"。段老师把火车厢都找出来了，需要孩子们涂上不同的颜色，唯有火车头的样子不太满意，只能在班级群里发出求助信息："哪位家长帮助找出小火车头并涂上颜色？"刚刚发出，钰杰妈妈就很快回复了，这个任务由钰杰完成。周一，一幅颜色鲜艳的小火车头在钰杰的课桌上躺着：深绿色的头长着一对大大的眼睛，好像时刻观察着前方；三个圆圆的车轮滚动着，为后面的小火车厢开辟道路，保驾护航；深蓝色的大鼻子上吐着白白的烟，粉色的鼻头上点了一个绿色的小点，就像一个俏皮的孩子，和你告别，把"文明"之风带到远方。

不知道喜欢粉色的女孩是不是都喜欢吃肉，我无法考证。钰杰就是一个喜欢吃肉的小女孩。和爸爸一起去"冰雪王国"，小手、小脸、鼻子、耳朵都冰凉凉的了，赶紧买一根烤肠暖和暖和；去姥姥家一起涮羊肉，钰杰吃了好多羊肉，大家都说她像一只爱吃肉的小老虎；去奥德乐购物，妈妈带着吃肯德基，一定要点有肉的汉堡；吃炖牛肉也不错，肉有嚼劲，和汤汁融合，她的小嘴都停不下来了，这下真满足了钰杰的味蕾了。她认为牛排就不同于牛肉了，牛排鲜嫩多汁，配上刀叉、果汁、蛋挞、水果、点心，浓浓的西餐风味……钰杰要变成美食家了。看到这里你是不是嘴里的唾液多了起来，满嘴也是香香的肉味呢？

有一天我会告诉钰杰，老师也喜欢粉色。二十几岁时还买粉色的衣服，随着年龄的增长，只能舍弃了这个粉色的回忆。后来，我给女儿买的衣服，包括用品几乎也是粉色的，后来女儿说，她喜欢蓝色，就这样粉色渐渐地退出了，但是偶尔也会给她买，前段时间我又给她买了一件粉色的保暖衣。因为粉色也代表着浪漫，也许和钰杰一样就是属于浪漫的人……

独立的丽扬

丽扬的家长可能是班级所有家长最忙的，总是顾不上孩子。一年级有一段时间妈妈忙着去外地工作，得有好几个星期或一个多月抽不出时间陪伴孩子，丽扬的爸爸也是一个粗心的人，在教育孩子方面不很用心。所以在孩子的文章中总是会读到这样的文字"妈妈什么时候回家呢？我今天特别想妈妈，我盼望着妈妈早点回来！""妈妈在齐河给我买来了一张小桌子，它可以放在床上写字，我特别喜欢它。"在班级她是一个不爱表达的孩子，上课的时候很少看到她举手回答问题，下课也不爱和其他小朋友玩，不是一个爱笑的女孩子。

给我印象最深的是那次我带着全班的孩子，去天井里龙爪槐上找蚜虫时的情景。她在天井里的每棵龙爪槐上不停地找，找到后把叶子拿在手里，跑过来指给我看她手里那一整片叶子上的几只蚜虫，"老师，你看，这就是那可恶的蚜虫，它们把棉花姑娘可害惨了！"她好像发现了新大陆一样对我说。然后又回头瞧了瞧旁边冰松同学的手中小嫩叶子上密密的、黑黑的的蚜虫，才知道自己手中的叶子太老了，蚜虫喜欢吃嫩叶子。她把大叶子扔到垃圾桶里，又去找龙爪槐上的嫩叶子了。看到她惊讶的小眼神，就会发现她正在逐渐地融入到班集体中。

一次，我们在玩"单耳传舌"的游戏，班级的学生分为南队和北队，丽扬属于北队。比赛激烈地进行着，孩子们为了自己队的荣誉，把听到的内容悄悄地传给自己队的孩子，一个接一个。马上就到丽扬了，她的眼睛盯着正在传向她的亚琪，恨不得马上得到信息，亚琪一手搂过她的头，一手合拢在她的耳朵上给丽扬说出刚才在上一个孩子那听到的内容。只见丽扬听了噗嗤一笑，那样地开心。她又把手轻轻地放在忠权的耳边，把刚才听到的话准确无误地传给了忠权，就这样，孩子们一个一个相传，最后北队战胜了南队。

"我不坐公交车，我每天骑驴上课。"下了课，北队的丽扬在座位上重复着他们互相传耳的这句话，说完，她和大伙一齐笑起来，都笑得那么灿烂。她已经融入到班集体中了。

由于妈妈经常不在家，丽扬养成了独立的能力和归纳的习惯。自己收拾房间，床上的小熊每天晚上陪着她睡觉。写完作业自己收拾书包，把所有的家庭作业放在书包的后面，把本子放在中间，再放上课本，又把导学和配套放在课本前面，最后放上自己的文具盒。

其实丽扬也是一个内心世界丰富的孩子。在生活中她能找到另一个世界。周日在去商店的路上，发现了在草叶上慢慢爬的一只小蜗牛，她停下脚步，"它有一个大大的外壳，灰白色的，它头上长着一对触角，身体是白色的，还黏糊糊的。虽然蜗牛爬得很慢，但是它们目标坚定，勇往直前。我爱小蜗牛，更要学习它的精神。"

她画的画也是充满希望的。"我画了彩色的太阳，挂在春天的半空中。鸟儿在欢唱，花园里百花盛开，五彩缤纷；草地上，小草探出了绿绿的头。校园里的同学们正在上课，可是他们都不知道春天要来了。春天是一个给人希望的季节。"

如今妈妈已在丽扬身边上班了，能够每天关心孩子，孩子也变得快乐起来，孩子的生活色彩也更加丰富起来。

在丽扬身上，我感受到了幸福。什么是幸福，幸福不是在彼岸，而是在门边，心中的烦恼推向外，快乐自然来。

越来越勇敢的瀚岳

瀚岳是一个不善于表达的男孩子，一个性格安静的男孩子。然而，只要有表现的机会，他总是抓得特别好。

一年级我们班自己举行"朗读者在行动"比赛。比赛目标是"我为大组争荣誉"，目的是培养学生的集体荣誉感，所以学生的成绩不仅仅是代表自己，还要记入大组成绩。比赛前，每个同学都摩拳擦掌，跃跃欲试，都希望自己能够脱颖而出，代表大组和其他组的成员进行对抗，获得最终的冠军。别看一个班级组织的小小的朗读比赛，比赛的每个环节都是靠实力完成的。

首先开始的小组选拔赛是在校园里的梧桐树下举行，班里每个孩子都是参赛者，孩子们用举手表决的办法选出自己认为朗读好的选手。轮到瀚岳了，他拿起语文课本，抬头看了看周围的孩子，很有信心地、大声地、深情地朗读着他选的篇目，当他读完了，孩子们开始举手表决了，他组的孩子们一个个小手都举得高高的，赞同他代表大组去和其他组比赛。

几天以后，第二轮比赛在班级举行，这次比第一轮比赛的内容多，难度大。除了朗读自选课文内容，还要在课外读物上选择一段话或者一个人物，并说一说喜欢的原因。瀚岳在课下很用功，当下课的铃声打过了，他还坐在座位上朗读课文，他朗读的次数自己也很难记清了。比赛那天，教室里除了选手还有家长，更有来自高年级的大哥哥和大姐姐当评委，采取当场打分制，可以说比赛是公平的、公正的、公开的，更是激烈的。瀚岳又一次抓住了展示机会，他不慌不忙，慢慢地走向讲台，从容地把书打开，轻轻地朗读着他比赛的篇目《我多想去看看》，声音清澈、洪亮，像山泉水一样流进每个听众的耳朵里。瀚岳热爱旅游，他的足迹到过南方的杭州、温州，也曾在北方的秦皇岛海边捉过螃蟹，小小年纪就领略了祖国的大好河山的壮美。瀚岳还去过北京，感受到过北京天安门前壮观的升旗仪式。最后，瀚岳不负众望，为大组争得了荣誉，更锻炼了自己。

在一次次的磨炼中，他更自信了，上课总是抢着回答问题，说出自己的见解。在2018年的元旦联欢会上，他又展现了他的另一面的风采，给大家带来了一首歌曲《快乐的一只小青蛙》。这是瀚岳第一次在同学面前唱歌，他拿着话筒，低着头看歌词，有些紧张，我的照相机都捕捉下来。在大家的鼓励下，他战胜了自己的胆怯，瀚岳在自己的周记里写下这样一句话："虽然我唱得不好听，但是，我愿意为老师和同学们带来欢乐！"

就像《快乐的一只小青蛙》中歌词所说的"快乐池塘栽种了梦想，就变成海洋，鼓着眼睛大嘴巴，同样唱的响亮，借我一双小翅膀就能飞向太阳，我相信奇迹就在身上……"

瀚岳给妈妈说明年元旦他要努力成为一名主持人，主持2019年的元旦联欢会，我相信奇迹就会发生在他身上。

第一个使用神奇药膏的芮喆

2018 年的 1 月 22 日，今年的雪来得是晚了一些，终于看到它久违的面孔，对于一直生活在北方的我来说，是那样的熟悉，那样的亲切。雪花飘飘洒洒，带着快乐来到人间，把人间也变得如仙境一般。在学校的校园里，我和孩子们一起和雪花相约，在雪地里留下了我们的脚印和欢声笑语。

今天一大早，手机微信来了一条短信：费老师，昨天芮喆右手摔伤了，今天写字有些妨碍，实在不行就不让她写了。这是芮喆妈妈发来的。我想昨天玩的时候没有一个孩子跌倒呀，怎么芮喆的手摔伤了呢？我正在纳闷，芮喆妈妈又发来了一条短信：这个孩子从小就老摔，现在体重又重，摔倒就受伤，昨天在楼下和同学玩雪，滑倒了，她说动就疼。我才弄明白摔伤的原因。我安慰着芮喆的妈妈，让她放心。

原来，回到家的芮喆又约好了几个小伙伴在小区的楼下接着玩了起来。他们延续雪带来的快乐，互相追逐打闹着，没有想到冬天的雪除了能带来快乐，有时也会带来不开心的记忆。幸好孩子反应快，身体总的来说还是轻盈的，只是右手扭伤，没有骨折。

上课的时候，我走到芮喆的身边，看了看她的手，右手手面稍微有些肿，我轻轻地拿起她的手问："疼吗？上药了吗？"芮喆看了看我，咧了一下嘴，说："疼，上了药了，是喷的，现在比昨天好多了。"看来昨天那一跤摔得够厉害的。"马上要下课了，一会儿下了课到办公室里来。"我嘱咐她。

下课后，芮喆左手托着右手来到我的办公室。我从抽屉里拿出几天前石锦泽妈妈送来的药膏，她离开学校的时候交代，这个药膏很神奇，哪里痒可以用，哪里长疙瘩也可以用，治疗擦伤扭伤效果都是很好的，临走时她把药膏留下来，说给班级的孩子使用，想起锦泽妈妈离开学校时说的话，我真正地感受到"善不是一种学问，而是一种行为"。

我给芮喆撸好袖子，打开药膏的盖子，轻轻地挤在手指上一点，那是一条透明的膏体，有一种淡淡的药香，我把药膏擦在芮喆的右手腕上，手腕前面和后面各擦一点，又把那个点向四周涂大。我用我的左手托着她的小手，右手在她扭伤的地方，轻轻的按摩，揉搓着，努力地让手腕周围的热量帮助释放药效。其实，我没有看到使用药膏的说明书，我只在药膏的瓶体上发现了三个绿色的大字"柔揉乐"，我继续轻轻地揉，抬头看了看芮喆柔和地问：

"感觉怎么样了？"她朝我笑了笑说："老师，我感觉不太疼了！"这个药膏真是"柔揉乐"。

中午放学了，我又重复做着刚才的动作，又给芮喆扭伤的地方涂上药膏，轻轻地揉着，她又笑了。

下午放学了，我再次给芮喆涂上药膏，她朝着我笑了，说："谢谢老师！"旁边背着书包走过我们身边的文哲停下了回家的脚步，朝着我们好奇地说："老师，你给史芮喆抹的是什么呀，真香！""它是一种神奇的药膏，我给它取的名字叫神奇膏。""哦，神奇膏。"文哲嘴里念叨着走了。

在药膏的瓶体上不仅仅是大大的"柔揉乐"这三个字，在它们的旁边还有小了两个字号的一句话："请把健康成长的知情权告诉你的孩子！"我想告诉芮喆："生活的路很长，在这个路上生命只有一次，一定要尊重生命，珍惜生命，注意安全！"

努力改变自己的先涛

每次听写总有孩子会错好多字，先涛几乎回回名列其中。不知道是什么原因，他总是在这个听写圈里逃不出来。他也为此剖析过自己，"今天，费老师听写完，我交上去后，再发下来的时候我发现自己错了十一个字，我非常难过，我以后一定要好好学习，多多读书，每天让家人听写，一定不让家人难过，不要成为世界很笨的人。"看到孩子为自己制定学习计划，又体贴家人，我也鼓励他："老师也为你加油！"

和先涛接触已有一年半的时间了，他是一个上课不专心的孩子，也不主动举手回答问题。这也许就是成绩不理想的一个原因吧。这几天他家里的老爷爷去世了，今天下午他来上学了。铃声响过后，孩子们坐好了，拿出练习本等待上课。我抬头把全班孩子都看了一遍，用眼神提醒没有准备好的孩子。我的眼睛停留在先涛身上，他的一只手在桌子上，另一只在桌洞里，手里好像拿着什么。我快速离开讲台，走到他面前，想知道他的手在桌洞里面研究什么，我看着他说："把另一只手拿上来，认真等待上课。"他掏出手来，手里拿着一个叠好的正方形的纸，这种叠好的纸一使劲甩，就会发出"啪——"的响声。哦，原来他的另一只手正在桌洞里甩声音呢。真该让他再次大声的朗读一下自己错了好多字下定的决心，回头一想，大人都不一定做得到的事，更何况是一个小孩子呢。"先涛最近很努力，在学习上要是和玩上一样努力，我想你会变得很开心的。"他听了，看着我笑了笑，不知道我的话能否给他学习的力量，但是我更希望，他"非常难过"变成"非常开心"，学习上的"开心"也是通过努力学习得来的。

一次家长进课堂的时候，忠权的妈妈来了。忠权的妈妈是先涛的伯母。这节课，我突然发现，先涛因为家人来了的缘故，显得格外的兴奋。课堂上孩子们展示自己写作的内容，大家都踊跃地举着手，在所有的小手中，有一个小手举得最高，那就是先涛了。真是难得的一次举手，我请他来朗读自己写的文章。他离开课桌，很自信地走向讲台，打开小作文本，始终低着头朗读着自己写的文章，表情有些害羞，第一次在大家面前亮相，孩子们和我都是很惊讶，他还是很勇敢地完成了。往回走的时候，他依然低着头，不过一抹笑从脸蛋上溢了出来。

排练课本剧《寒号鸟》那段时间，因为是利用下午放学的时间，小演员的家长来陪孩子，总会带一些零食给排练的孩子分发。这天是周五，是先涛组里的几个孩子和他们家长一起值日。我把蛋糕分发给排练的孩子，当然在班级值日的孩子也有一份，好东西大家一起分享。先涛的奶奶抬着脚，把孩子擦不到的黑板上沿用抹布一遍又一遍地抹着。她身后的小家伙叫了一声奶奶，奶奶回头一看，先涛举着一块蛋糕递向她："奶奶，你吃，这是我同学给的。""你吃吧，奶奶不吃。""不行，奶奶吃一口吧。"奶奶只好做了个吃的样子，在上面轻轻地咬了一小口。旁边几个孩子吃着蛋糕，享受着蛋糕奶香的味道。我却欣赏着先涛这一个小小举动，这个画面真美！

幸福的彬洁

在彬洁的文章里你能感受到她是幸福的，有爱她的爸爸妈妈，有彼此相爱的姐弟俩，这个幸福的家庭里总是发生着幸福的故事。

陪伴是幸福的。彬洁一家去动物园玩，亲眼看到的动物和书里读到的、电视上演的不一样，各种动物有不同的样子和习性，在动物园里开了眼界，看到了真实的动物。彬洁一家去参观奶牛场，一进奶牛场，还没有闻到牛奶的味道，却先闻到了一股牛粪味，当参观大型机器挤牛奶时，被全自动化的流程惊呆了，还知道了牛也喜欢听音乐放松心情，感受到科技的发达。彬洁一家周末去减河骑行，在骑行的路上欣赏秋天的美景，蒲公英的种子被她轻轻一吹，就像降落伞一样飞到了天空中。彬洁一家一起去锦绣川看菊花展，五颜六色的花就像她的世界。在走码头木桥的时候战胜了恐惧，爸爸妈妈和弟弟给她鼓励，自己也对自己说："我能做到，加油！"彬洁一家一起去义卖，在义卖活动现场，不仅给大家带来保护眼睛的知识，还给别人送去温暖。彬洁一家去看马戏团表演，马戏团的节目很精彩，给彬洁和弟弟带来了快乐。彬洁一家一起支持班级课本剧的排练，妈妈来当导演，爸爸和弟弟坐在下面当观众，彬洁就是小演员。

彼此关心是幸福的。彬洁爸爸要去外地公司工作，爸爸出门之前还给大家做了骨头汤。虽然彬洁和弟弟舍不得他走，弟弟望着火车开往远方，大哭起来。比弟弟大不了几岁的彬洁知道爸爸也舍不得离开他们，但是为了他们更好的生活，必须去外地赚钱。

一次彬洁发烧了，妈妈带着她去打了一针退烧针。在打针的时候彬洁吓得浑身发抖，妈妈安慰她、鼓励她。打针回来后，屁股上扎针的地方很疼，妈妈切了几片土豆，贴在扎针的周围。过了一会儿，一点也不疼了，妈妈的办法真是多。彬洁的好朋友徐瑞阳生病好几天没有上学，我和孩子们商量以"我给好朋友送祝福"为主题活动，祝福同学身体健康，快乐成长。在教室里，彬洁把祝福送给了刚刚康复的徐瑞阳，她拥抱着瑞阳，给她送去祝福，祝她健康快乐。她和瑞阳手牵手，又去给其他好朋友送去祝福。

家庭教育方式是幸福的。一天，彬洁一家出门去办事，在路上彬洁看到一个老爷爷骑着一辆三轮车，车上装满了金灿灿的玉米，在老爷爷的车转弯的时候，彬洁发现老爷爷的腿只有一条。彬洁看了心里很难过，心想：这么大年纪的人，只有一条腿，还拼命地蹬三轮车，靠自己的能力来养活自己。爸爸妈妈看到后，语重心长地对她说："老爷爷虽然残疾，但是意志坚强，靠自己养活自己，比社会上那些健全的人却用不正当手法骗钱的人，强很多很多……"

幸福的人的身边总是发生着幸福的事情。幸福是什么？幸福就是有人陪伴，一句问候、一个微笑、一种心情、一种滋味，更是一种满足。

安静女孩瑞阳

我走进教室，准备要上课。教室里有几个孩子仍聚在一起，依然玩着用纸叠的"东西南北"的游戏：猜到幸运的，脸上的笑容成了花朵；不幸运的把头低下，傻傻地笑着自己怎么这么倒霉。也有坐在位子上看书的，还有走到我身边抬起头问："老师，这节课上语文呀？准备什么呢？"我看了看这个孩子，没有回答他，感觉没有答案告诉他，心想：我来了，难道要上数学吗？

坐在最前面的瑞阳在那里低着头，用铅笔在一本书上画着什么。瑞阳是一个安静的女孩，在教室里上课，没有看到她大声说话，或者乱插嘴，总是端端正正地坐在座位上，两只胳膊一上一下叠加着，大大的眼睛看着你，安静地听你讲课，偶尔举起小手回答问题。教学重点内容时，我会把重点内容抄写在黑板上，要是孩子的优秀作业，我也会用投影仪投在大屏幕上，让孩子们一起学习。在讲解前，我会大声说："大家一起看黑板。"她会很快地停下手中的笔，抬起头来看黑板，你在讲着，她的眼睛随着你的手在黑板上的位置移动着，完全沉浸在我的讲课中。

瑞阳停下手中的笔，拿起书，向我走来，她举起书，对我说："老师，您看，我把这些都改了。"我俯下身子，眼睛被书上的圈所吸引，一页上画了好多圈，圈上打了一个叉，我再仔细看每个圈外的上面写一个字"费"，我拿起她的书，仔细地端详着，笑着说："瑞阳，你把人家小作者写的《写一手好字的周老师》都改成了《写一手好字的费老师》了。"她大大的眼睛看着我，也笑了，说："费老师的字写得也很好，我就改了。"我被瑞阳的这一举动感动着，在她心中，作文书里的周老师就是现实中的费老师。我更感谢自己，在一年级教这群孩子的过程中，每次在黑板上书写，总是把字写得很工整，在黑板上写字没有潦草的时候，因为我知道榜样的力量是无穷的，我影响的是孩子。每次考完试，好多老师都惊讶于我们班孩子的书写，总是问你怎么教的，我会骄傲地回答他们："都是因为老师写得好！"

瑞阳在学习上也是一直很努力的孩子。最近开始复习了，妈妈每天都给她出一些作业以外的题，妈妈把题抄写在软皮本上。她每天都会认真地做，第二天，我一来到教室，她会拿着她的软皮本，让我看看她昨晚写的内容，我会给她打一个大大的对勾，再加上一个大大的10分，每次都会问她："瑞阳，天天坚持写，累吗？"她摇摇头，露出她的小白牙，回答道："不累。"转身就走，安静地坐在位子上打开自己喜欢的书，又看了起来，偶尔也会拉着她同桌，一起欣赏着书里的图画，她们叽叽喳喳的不知道在说着什么。

学习了《寒号鸟》，瑞阳这样写道："我们学了《寒号鸟》这篇课文，课文讲述的是寒号鸟懒惰，不做窝，不听别人劝告，得过且过，最后被冻死的故事。在平时，我不会的题要积极问老师，不能得过且过。得过且过没有好结果的，美好的生活要通过辛勤的劳动才能得到。"

一个二年级的小孩在告诫我们：美好的生活是通过劳动才能得到的。

一直在努力的迎博

　　"迎博，你来我这里，看看你的听写。"我把刚刚他听写的一张词语纸递给他看。他朝我笑了笑，说："老师，我听写的时候，你离我远，我没有听到词。"

　　又到了第二次听写，这次，我站在他的旁边对他说："上次听写，你说我离你远，我站在你身旁听写吧。"

　　结果，他再次被我叫到身边，看着那张刚刚听写完词语的纸，大大的红圈画满了整张纸。我摸着他的头开玩笑地说："这次怎么又错这么多，上次错字能串糖葫芦，这次错字变成肉串了。"

　　他小声地对我说："老师，你站在我身边，我紧张。"

　　"迎博，这个字你应该认识，昨天我们刚刚读的。"

　　"迎博，把桌上的文具都放到文具盒里，文具盒才是文具的家。"我和他一起把散乱在桌子上的铅笔和橡皮放在空空如也的文具盒里。

　　"迎博，低头看看你的桌洞都乱成什么样子了，你要学会整理，大的和大的放在一起，小的和小的放在一起，看着也舒服。"我又和他一起把桌洞里的书和乱纸掏出来，一起分类整理起来。

　　"迎博，是不是走神了，刚才我讲的是什么，能给大家说一说吗？"……

　　每堂课上，迎博的名字几乎都会在我嘴里滑出来，如果教他六年，他的名字出现的频率应该是最高的了，晚上做梦是不是也会喊出来呢。

　　在平时的接触中，迎博就是这样一个孩子。但是他也有自己的世界。在他的世界里，他是一个一直努力奔跑的孩子。

　　今年的教师节，他写下了这样的话：今天是老师的节日，老师是辛勤的园丁。九月，金色的九月，老师是我们的引路人，我们是小树，在您知识的土地里成长。感谢费老师、王老师和段老师。我会好好学习，长大了要和老师一样成为对国家有用的人才，成为老师的骄傲。

　　在期中考完试那一天，他写到：时间过得真快呀！今天我们期中考试了。一大早，妈妈就把我送到学校。一路上，妈妈都在叮嘱我认真读题，仔细书写。我坐在考场上，发下试卷，就认认真真地做着每一道题。我想考一个好成绩，让我妈妈高兴。因为我的妈妈每天都陪我写作业，都要为我操心。

班级每天都有积分，积分来自于孩子的表现、作业、纪律等很多方面。每当到星期五的最后一节就会排出上周孩子们的班级积分。每个孩子很在乎，迎博也是如此，他的周记里是这样记录的：转眼间，到了星期五了，老师开始说班级前三十名的同学了。我的心忐忑不安，我的积分三百多。这些分数可是我每天好好写作业、上课认真听讲得来的。我的分不是最高，但是我以后一定会好好努力让自己进步，积分就会越来越高。

迎博有几天感冒不舒服，这样上午下了第二节课他不去操场上跑操了，就来到办公室里，陪我一起聊会天。正好下节课教学《纸船和风筝》这篇课文，问他："迎博，会叠小船吗？"他看着我，有信心地对我说："老师，这个对我来说太简单了。我还有彩色的卡纸呢。"转身就回教室里拿了一张粉红色的卡纸，在我的办公桌上翻来覆去地叠了起来。不一会儿功夫，一只小巧的纸船在他手中变了出来。"谢谢迎博，我小时候也会叠，还会叠两边带篷子的呢，现在忘了，今天你给我帮了一个大忙。"他笑了。

上课了，我在黑板上画了一座山，画了一条河，故事里的"小熊"和"松鼠"写在了山上和山下。故事就这样开始了，迎博的粉色的纸船出场了，我告诉孩子们这只友谊的小船是迎博叠的。教室里孩子们把热烈的掌声送给他。去年我在聊城出差时一个朋友送我的风筝也派上了用场。孩子们沉浸在感人的故事情节里。故事讲完了，他们也懂得了朋友之间需要互相帮助、互相理解。

我和迎博也是好朋友，因为在他的文字里我读出了他对家人和老师付出的理解。在教学的路上，我不是红烛，更不是春蚕，但是我知道，孩子在学习成长的路上，需要老师的帮助和认可。

"迎博，这次的听写有进步了，书写也很认真，大家给他点个赞！"

"迎博，今天的文具都回家了，桌洞整理很整齐。"……

成长的子萱

子萱拿着她的作业本，走到讲台上，抬着头，一手指着她的名字，斜着眼睛看着我，有些生气地说："老师，我的名字里的'萱'是草字头的，不是宝盖头的。"子萱告诉我她的名字是草字头的已经记不清有几次了，作为老师，我有些尴尬，上课总是提醒孩子们说："这个题已经讲了好几遍了，怎么还是错呢？"自己也是这样被提醒很多次，还是忘记。因为这个缘故让我以后每次写"刘子萱"的时候，我一定提醒自己写上草字头，因为我的努力改正，她再也没有上讲台来找我"申诉"。

子萱提醒我不要忘记加草字头，其实，她也是一个爱忘事的孩子。放学了，远远的楼道尽头有一老一少出现了，走上前一看，子萱奶奶正陪着孙女来拿作业本。这样的镜头已经不是一次了。因为总把作业本忘记在学校里，妈妈还打了子萱一顿。有一次，妈妈在家里让子萱穿上鞋子一起去学校拿忘记的作业本，不知道子萱为什么故意和妈妈做对，就是不穿鞋，生气的妈妈拽着她就来学校了，一路上没有穿鞋子的子萱可吃到了苦头。她在周记里这样写道：通过这件事，我明白了，光脚是不文明的，也容易受伤，以后我不能再丢三落四了。此后，楼道的尽头再没有出现一老一少，更没有妈妈拽着光脚的子萱来学校的情景了。

这一周是子萱组负责打扫卫生，周五学校卫生大检查，值日生的家长早早地来到班级门口等待放学。我提醒孩子们把桌洞收拾整齐，里面的纸都放在废纸回收箱里。孩子们收拾完自己的书包以后，都在检查桌洞是否整齐。孩子们陆续离开教室，子萱和值日生摆着教室的桌子，我不放心桌洞，又对子萱说："子萱，你再检查一下所有同学的桌洞里的书是否都整齐了。不整齐的帮助整理一下。"她答应着，低下头，认真地检查着孩子们的每一个桌洞，有时跑过来告诉我，谁的桌洞不整齐，谁的桌洞有纸。最辛苦的是子萱的奶奶，来到教室就开始扫地，又拿起拖布拖地。我又把讲桌整理了一下，大家把教室打扫得格外干净。因为我要去检查其他年级的教室，就和几名家长交代说，学校卫生检查很严格，任何角落都要保证没有问题。

我检查回来，几名家长和孩子正在教室门口，还没有回家。子萱奶奶对我说："费老师，检查完了，检查的老师说教室很干净。有一个老师拿着手机在一个桌洞底下拍了一张照片。"我知道检查的老师只要拍照片就是意味着要给班级减分，照片就是减分证据。我一听就明白了，说："大家很辛苦，没事。"为了周一提醒孩子，我又问子萱奶奶，在哪一个桌洞底下拍的。子萱奶奶指了指教室的第三排第三个位子说："就这张桌子。"那不是子萱的吗？我走到她的桌子边，低头一看，两张大纸正张着大嘴朝着你笑呢。我心里想：子萱呀，检查别人的，也要检查一下自己的。在一旁的奶奶擦着汗说："我们把地擦了三遍，你的两张纸毁了我们的劳动成果。"子萱低着头说："下次，我先把自己的整理好，一张纸也不留在桌洞里。"这次真是得到了教训，比上次光脚事件的教训还要重。

子萱的教训总是沉甸甸的，但是她在每个教训里都得到了成长，对子萱来说任何教训都是学问。

不善表达的云钊

　　云钊和嘉琪一样都是二年级刚转过来的新生,但是她比嘉琪早来一个月,也就是一开学就加入了我们的班集体,但是她融入我们的班集体却没有那么容易。云钊是一个不善于表达的孩子,大大的眼睛里总是有一种忧郁和孤单。刚刚来到班级,她只有课本,没有随课本而来的练习册,我和段老师就把练习册教本给她做。其中我的语文配套练习册,不知道什么原因在办公室里找不到了,教室里也找不到,考虑到云钊的爸爸是一个远途司机,妈妈刚刚生完小弟弟没有几天,家里忙成了一锅粥,小孩子都顾不过来,别说为她准备练习册了。我把这件事给红阳老师一说,她痛快地把自己的练习册教本递给我说:"给孩子拿去吧,我可以看学生的。"

　　云钊原来学校的班级有将近九十个孩子,老师根本不能照顾到每一个孩子,再加上姥姥带着她,没有父母的陪伴,可能这就是她眼睛里充满忧郁的原因吧。一开始做课本练习册,在练习中所有的问题都暴露出来,错字多、不审题、书写不认真。家长关心孩子不够,孩子的学习弊端全部显现出来了。转学学生有的问题她全有。因此,沟通和了解云钊成了我新的课题。渐渐地,孩子越来越有进步;原来在教室里只是坐着听,而今能够自信地举起手来;原来只是把字写在题上,而今字迹越来越工整;原来听写错得多的总是有她,而今对得多的出现了她的名字;原来下课她总是自己呆呆地坐在座位上,而今和小朋友一起玩耍……脸上的微笑代替了忧郁,欢声笑语代替了沉默寡言。

　　现在的小孩不像我们小时候生在农村,长在农村,和大自然是好朋友,他们见识太少了,就像鲁迅先生写的《少年闰土》里的一句话"他们都和我一样,只看见院子里高墙上的四角天空。"《我要的是葫芦》是二年级语文课本上的一篇文章,为了让孩子们看到课本中的"小葫芦",我让孩子们搜集葫芦的资料和用途,并问谁家有葫芦,明天带来,孩子们家里有的,都把手举得高高的。下课了,我刚想回办公室,云钊悄悄地走到我面前说:"老师,我家有一个大葫芦,可大了,就是后面不小心破了个洞,能拿来吗?"我拍拍她的肩膀说:"能,你家葫芦有多大,让大家都看看吧,不会大得用卡车运来吧。"她知道我是在开玩笑,跟着笑了。

　　第二天,她果然带来了,把葫芦装在一个大手提袋里。葫芦真是很大,葫芦嘴都从手提袋里露出来了。我把葫芦从手提袋里拿出来，"哇，好大的葫芦呀！"全班孩子都惊叫起来，和刚才有的孩子拿的手掌大小的葫芦比，这个葫芦简直是葫芦中的"战斗机"了。黄黄的葫芦皮，摸起来滑滑的，葫芦有两节，底部大，上部小点，大家都为这个大葫芦的到来而感到惊奇，围着云钊问：葫芦是哪来的，怎么长这么大，里面的种子是什么样的，能不能在葫芦的破洞里拿一粒种子送给他们……搞得云钊都无法应付了。第一次成为孩子们的中心，她的小脸兴奋得通红，眼睛里全是自信和欢乐。

云钊也是一个生活中的有心人。在她自己的周记《爸爸回来了》中这样记录着"今天爸爸打电话说要回家，我高兴得手舞足蹈。我好长时间没有见到爸爸了，我好想快点见到爸爸。我穿戴好，妈妈骑着电动车带着我。天很黑，马路上的行人很少。但是路灯特别亮，也许路灯知道我去接爸爸。我坐在电动车上，风呼呼地响，吹到脸上像针一样，可是我想见到爸爸心里暖暖的……"

双胞胎姊妹梦琪和梦琳

梦琪和梦琳是一对双胞胎姊妹。虽然是双胞胎，其实好多地方不是很像，很好区分她们两个。姐姐的脸是圆形的，胖乎乎的，妹妹的脸是瓜子形的，比较瘦；姐姐的眼睛大大的，忽闪忽闪的；妹妹的眼睛没有姐姐的眼睛大，但也很亮，就像暗夜里的星星。说来说去主要原因是她们是异卵双胞胎。

姐姐比妹妹早出生几分钟，但是，做姐姐的总有做姐姐的样子。早晨在学校里吃早餐，妈妈身后跟着两个小不点，一前一后，走在前面的总是姐姐。姐姐找好位置，放下书包就去找在早餐窗口前排队的妈妈，妹妹坐在找好的位置上等着，只是用眼睛瞟着不远处的妈妈和姐姐。姐姐和妈妈把三个人的饭都准备好，姐姐自己把鸡蛋剥好，边吃边喝汤，一会儿就把一个馒头吃了下去。再看妈妈，正给旁边的妹妹剥鸡蛋，还嘱咐妹妹，喝汤的时候小心些。回教室的路上，总是姐姐在前面走，紧跟在后面的是妹妹。有时，你还会听到："妹妹，小心点，这个台阶有点滑。"妹妹会点点头，小声地柔柔地说："姐姐，知道了。"总之，姐姐是个小大人，妹妹似乎永远是被照顾着。

一次考试，姐姐考了双百，姐姐一脸灿烂的笑，快乐从她那眼神、小嘴往外流淌。而这次妹妹考得不太好，妹妹有些灰心，姐姐安慰妹妹："妹妹，你虽然没有考到双百，但是你也很努力，我相信你下次一定会有进步的。"

妹妹听了姐姐的话，心里开心多了，对姐姐说："我一定会更努力。"在成长的路上姐妹两个互相鼓励，一起努力，一起奔跑。

妹妹有自己疼爱姐姐的方式。表演课本剧《寒号鸟》的时候，孩子们在班级排练的时间是晚上放学后，梦琳表演《寒号鸟》里的小灰兔。因为每天排练时间长，等待孩子排练的家长会给他们买一些水果或者零食，在排练前先填一填肚皮。一天，一个家长拿来一大把香蕉，我给孩子们分着，他们在教室里品尝着水果带来的快乐，这时，我想到了在妈妈办公室里写作业等妹妹的姐姐："梦琳，把这根香蕉给你姐姐送去，估计她也饿了。"梦琳接过香蕉，转身就去给姐姐送去了。第二天，第三天，第四天，只要在排练现场没有看到妹妹，那一定是给姐姐送吃的去了。

不知道她们是不是有时也会有小摩擦。上次学校的跳蚤市场上，姐姐妹妹一直跟着我带领的队伍在学校的楼道里转来转去，找自己要买的东西。姐姐和妹妹都背着一个长长的袋子形的小钱包。我在前面的楼道尽头等着孩子们买完东西集合。姐姐和妹妹还是一前一后地走到集合地点，我看了看她们两个，一个噘着嘴，另一个也是噘着嘴。她们两个看来真是遇到了不高兴的事了。我没有问她们，只是带领着孩子们继续前行。回到教室，姊妹两个正互相看着她们买的东西，又在钱包里掏出所有的钱，数着自己手里的钱。一会儿，两人不知道在说些什么，笑了，这笑让我心里也暖烘烘的。

快过新年了，学校下通知，周一大课间给各班双胞胎的孩子录制视频，让每家的双胞胎小天使一起给人们送去新年祝福。当然不会少了我们班的姐妹两个。在她们名字里还隐藏着"麒麟"两个字，"麒麟"中国传统瑞兽，性情温和，古人认为，麒麟出没处，必有祥瑞。今年新年能得到这两个孩子的祝福，真是幸运，一定会有祥瑞带给大家。

尾 声

苔

—— 清 袁 枚

各有心情在，
随渠爱暖凉。
青苔问红叶，
何物是斜阳。

我会告诉苔：时光依旧，温暖如初；岁月静好，念你如初。